子どもが絵を描くとき

磯部錦司

一藝社

まえがき

　子どもの絵については、これまでにも心理学や教育学において偉大な研究がなされてきました。それらは、「子どもをどう理解するか」という課題のもとに行われてきましたが、それはまた、「人間としての営みをどう捉えるのか」という問題にもつながっているように思えるのです。そのような課題は、一つの狭い分野ではけっして結論のでるような問題ではないのですが、今を生きる子どもたちの育ちを支える一つの手段として、「子どもはなぜ絵を描くのか」「大人は子どもの絵をどのように捉えていけばよいのか」「大人は絵を通して何を育てようとしているのか」「子どもの絵に対するどのような見方や考え方、関わり方が、子どもの育ちにとって大切であるのか」ということについて、描くことを視点として具体的なところから考えてみたいことがあります。

　子どもを取り巻く状況を見てみると、子どもの文化や子どもの存在そのものが、大人を小さくしたような見方で捉えられているように思えます。たとえば、子どもの絵を例にしてみても、それがかけがえのない一人の人間の営みとしての作品というより、大人の絵と比べどこか軽視したような見方があるように思えます。また、子どもが生活する環境を見てみると、子どもが自由に遊べる空間までもがなくなっているというような現状に出会います。子どもの描く姿の中にも、紙の上ではだれもが自由であるはずなのに、のびのびと描けない子どもがいたり、大人の目や価値観に支配されたような表現しかできない子どもがいたり、幼いうちから絵が嫌いな子どもがいたりと、子どもの絵の世界までもが、現代社会の結果主義や効率主義の中に巻き込まれているような状況に出会います。

　本来は、子どもを育む営みとして絵はあるはずなのに、このような現状はどこか社会の中に歪んだものがあるから起こることではないで

しょうか。これは大人の子どもの絵に対する捉え方や見方だけでなく、社会の中にある、個々の価値観や一人一人の尊厳が本当の意味で大切にされていないような風土や、心豊かな生活や文化というものが軽視されている状況も大きな要因としてあるように思えます。「異文化としてある子どもの世界をどう捉えるか」という問題と、「社会の文化や個人の尊厳をどう捉えるか」という問題は、ある意味共通した視点の中にあるように思えるのです。

　本書では、私がこれまでの造形教育の研究と実践を通して関わった具体的な事例から、「子どもが絵を描くこと」について考えてみました。子どもたちがよりよく育っていくことを願う多くの方々にとって、本書が子どもの絵や子どもについて理解を深めるための一助となることを願っています。

2006年2月27日　　　　　　　　　　　　　　　　　　磯部錦司

もくじ

■ 第1章　描くことの始まり　　　　　　　　　　　7
1　はじめに
2　「描く行為」の発生

■ 第2章　子どもが絵を描く意味　　　　　　　　11
1　「自分の存在を確かめる営み」としての「描く行為」
2　「環境との一体化」において生まれる「描く行為」
3　「感じること」と「描く行為」
4　「見方・感じ方・考え方を広げていく営み」としての「描く行為」
5　「イマジネーションを育む営み」としての「描く行為」
6　「コミュニケーション」としての「描く行為」

■ 第3章　子どもと大人のリアリティーの違い　　27
1　異文化としての子どもの絵
2　「視覚のリアリズム」と「感覚の総体のリアリズム」

■ 第4章　その子なりの表現をどう捉えるか　　　31
1　子どもの世界観を踏みにじる大人の概念
2　「かけがえのない営み」を読む
3　表現的な身体存在

3

■第 5 章　描画の発達過程を問い直す　　　39

1　自明の発達過程からの脱却
2　スクリブルのころ——なぐりがきは絵であるかないか
3　丸が閉じるころ
4　形が図式で表れるころ
5　地表（基底線）が表れるころ
6　空と地平がつながるころ
7　視覚的に描こうとするころ
8　直線的・系統的ではない描画の発達過程

■第 6 章　想像力の豊かさを求めて　　　61

1　絵と生活のつながりが育む想像力
2　絵を通した出会いの豊かさが育む想像力

■第 7 章　子どもの絵をどう読み取るか　　　71

1　子どもの心を知るために
2　表出と表現は絡み合う
3　生活の連続したつながりの中で読む
4　昨日の絵と今日の絵
5　ファンタジーと現実を読む
6　場所が動く、時間が動く、視点が動く
7　現実の領域と神の領域、透けて見える世界
8　色や形でその子のすべてを決めつけない

■第 8 章　子どもの育ちを歪める大人の言動　　　91

1　絵を描くことが嫌いになるとき

2 社会に潜む結果主義・効率主義
3 だれのための絵であるのか
4 「上手」という言葉でしか評価できない大人
5 写実的、客観的、視覚的な価値観に支配された大人
6 過程でなく結果でしか見ようとしない大人
7 比較することでしか評価できない大人
8 形や色を教えてしまう大人

■ 第9章 「描くこと」を通して「共に生きる子どもたち」 113

1 「共に描くこと」が生み出す「生きる喜び」
「共通の生活体験」が起こす「生の共有」／「絵と環境の一体感」が起こす「生の共有」／「あいまいな関係性」が起こす「生の共有」

2 「描くこと」を通して「自然と共に生きる子どもたち」
「自然との共生のあり方」を考える／「生活とのつながり」を考える／「描くことを生み出す環境」について考える

■ 第10章 子どもの絵は大人社会へ何を語るのか　133

1 南北の国境にかけられていた絵
2 イラクで疲弊した兵士と背景の子どもの絵
3 戦争を知っている子どもの絵
4 消された村リデェツェの子どもたち
5 ナチスの収容所に入れられた子どもたちの絵
6 環境が子どもを変える
7 「子ども」から「すべての人間」へ
8 バタフライは永遠に飛び続ける

参考文献　151

第1章
描くことの始まり

1　はじめに

　「人はなぜ絵を描くのでしょうか」、これは簡単に結論のでるような問題ではないでしょうが、子どもに視点を置いて、「子どもはなぜ絵を描くのか」と考えてみると、その本質や意味から何か見えてくるものがあるように思えます。

　先史時代から今日までの人類の歴史の中で、人間が絵を描くということは、いまだ絶えることなく営まれています。とくに、子どもが楽しそうに絵を描く姿を見ていると、それは「生きる喜び」であり、人間の本能ではないだろうかとさえ感じることがあります。「本来、すべての子どもたちは絵を描くことが好きだ」という言葉を耳にしますが、それより前に、絵を描くということは、「子どもたちの発達や育ちに欠くことのできない必要条件」であるように思います。

　20世紀後半以降、多くの作家が、「描くことの本質」を求めて、子どもの絵の世界や先史時代の絵に興味を持ち、目を向けてきました。たしかに、芸術家が求めようとする本質と、先史時代の洞窟画に見られるような世界と、子どもの絵に見られる営みには、「生きるとは何か」ということを考える素材として、共通するものが秘められているように思われます。しかし、さらに「子どもはなぜ絵を描くのか」という問題に限定してみると、大人や芸術家とは異なった、「すべての子ども」、つまり「すべての子どもという人間」にとっての共通の意味が見えてきます。

2 「描く行為」の発生

では、描くという行為は、どのようなところから起こっているのでしょうか。

たとえば、テーブルの上に汁がこぼれたとき、大人はすぐにそれを拭き取ろうとしますが、1歳前後の子どもを見ていると、指で触り、その指をなめ、匂いをかぎ、そして手で左右に広げてぬたくりを楽しみます。また、園庭に雪が降り真っ白になれば、そこに足跡がつくのを発見し、それを楽しむように駆け回ります。目の前に白い紙とクレヨンがあれば、まずはそれをなめ、紙の上に転がし、折ったり、たたいたりし、そのうちに線がひけることを発見し、そしてそれを繰り返していきます。

このように、触覚や視覚をはじめ全身の感覚を使い、子どもは「もの」を自分の中に感じて取り込み、そしてまた、「もの」に関わろうとする行為を繰り返し試みていきます。「もの」との関係の中で、全身の感覚で感じて、行為で表すということを絶え間なく繰り返していきます。このような連続した探索活動の中に、「描くという行為」が生まれてきます。そう考えると、「もの」に関わる何気ない一つ一つ

■描きはじめたころの子ども（1歳）

の行為が、子どもにとっては貴重な体験であるということがいえます。
　『裸のサル』の著者であるデズモンド・モリスによると、チンパンジーも1歳半ごろから絵を描くことを始めるということです。その感動を、モリスは次のように述べています。

　「適当な機会と適当な材料があたえられさえすれば、若いチンパンジーはわれわれと同じくらい興奮して、白い紙の上にマークをつけるという視覚的可能性の探索に取り掛かる。（中略）チンパンジーや子どもによるグラフィックな発見のこの瞬間を見ているのは、実に感動的なものである。彼らはじっと線を見つめている。自分の行為がもたらした予期しない視覚的賞金に魅せられて、しばらくこの成果を眺めたあと、彼らはまた実験を繰り返す。彼らが二度、三度、四度と同じことをやってみるのは必定だ。たちまち紙はなぐりかかれた線でいっぱいになる。」

　同じように、『ヒトはなぜ絵を描くのか』（中原佑介著）の対談の中で、河合雅雄は、京都大学霊長類研究所でのチンパンジーの描画の様

「パルのお絵かき」
チンパンジーアイのホームページより
http://www.pri.kyoto-u.ac.jp/ai/index.htm
（提供：斉藤亜矢　京都大学霊長類研究所）

第1章　描くことの始まり　9

子を紹介しています。チンパンジーは、白い紙とマジックを与えられると、はじめは、何となくチョンチョンと跡をつけだし、そのうち長い線を描くようになって、次に、線を交差することを覚え、さらには大きく曲線を描いていくというのです。しかも、色を選びながら描いた様子がそこからはうかがえます。また、じっと見入るように絵を眺めたり、ときには描き加えたりすることもあるということです。

　さらに、モリスの報告では、紙の中でバランスをとりながら描いていくというのです。しかし、チンパンジーの描画は、円スクリブルと呼ばれる、クルクルと円を描くところまでで終わってしまい、形に意味をつけるところまでは発展しないということです。

　人間においても、このような探索活動から生まれる描画が1歳半ごろから見られます。しかし、人間の描画は、チンパンジーと違い、そこからさらに意味を持った形を表すことへと展開していきます。では、どうして人間だけが、それ以後も自発的に描き、絵も発達していくのでしょうか。そこには、人間が人間として生きるための根源的なものがあるように思えます。

第2章
子どもが絵を描く意味

　第1章では、描くことの始まり、つまり、人間として歩みだすことの始まりについて見てきました。では、子どもたちにとって、「描くこと」とはどのような意味があるのでしょうか。次の六つの視点から考えてみたいと思います。

1　「自分の存在を確かめる営み」としての「描く行為」
　子どもが自分で自分のからだに色を塗るという行為をよく目にします。きっかけは、指に絵の具をつけたり、手のひらでこねたりと、絵の具をからだで確かめようとするところから始まりますが、色とりどりに塗られた様子は、先史人や未開民族の入れ墨に似たものがあります。人類が残した絵としては、先史人の洞窟画が一番古いとされていますが、絵の起源は、ボディー・ペインティングではないだろうかという見方もあります。
　このように、自分のからだに描くということはどのような意味があるのでしょうか。『精神としての身体』の著者市川浩は、自分が自分のからだに触るという行為について、その二重感覚は、「主体としての身体と客体としての身体、内面的身体と外面的身体とを結びつけ融合させる」と述べています。一寸難解な表現ですが、つまりこれは、触られようとする受け身の自分と触ろうとする意志を持った自分、姿を持った外側の自分と姿を持たない内側の自分が、融合しようとしている行為と見ることができます。それは、環境の中で自分の存在を

確かめようとしている行為だと見ることもできるのではないでしょうか。

　また、村瀬学は著書『「いのち論」のはじまり』の中で、先史人や未開人のボディー・ペインティングを例に、生命は自分の外の世界と内の世界で一体化していて、そもそも交わっているものであるという見方から、衣を着ているように自らのからだを塗りつぶすという行為は、自分を衣で包むようにすることによって、自分の生命を形のある物体の一形態のように見ようとしていることであると述べています。

　これらのことを子どもに置き換えて見てみると、たしかに、きっかけは指に絵の具をつけたり、手のひらでこねたりと、絵の具をからだで確かめようとするところから始まりますが、子どもが色とりどりに自分の手で自分のからだに描いていく様子は、そのことによって自分を認識し、世界の中で「自分は何者であるのか」と、自分の存在を確かめようとしているようにも見えます。そして、このような自分の存在を確かめようとする営みは、自分のからだだけでなく、紙をはじめとするさまざまな環境に描いていくことへとつながっていきます。

2　「環境との一体化」において生まれる「描く行為」

　園庭の地面に、棒を使ったり、ジョウロで水をまいて絵を描いたりしている子どもをよく見かけます。彼らは、はじめじっと水が地面に染み込むのを見ています。やがて、地面に次々と線を描き、そしてその痕跡をじっと見つめ、また描きだします。

　砂浜に子どもたちを連れて行くと、まず彼らは、海の波をじっと見つめ、海の中に裸足で入り、水をかけあい、裸足で砂浜を歩き、貝殻を拾い、そして棒を見つけると砂浜に絵を描きだします。海の匂いや、風や、水や、砂を、全身の感覚で感じ、「この環境はなにものだ」といわんばかりに探索活動を続けます。その営みの中に、砂浜に絵を描く行為が現れてきます。そのような環境との「出会い」が描くという行為を生み出しています。その描かれた線は、環境との「一体感」を、

「ボディー・ペインティング」（5歳児　指絵の具）

■どろ遊びでからだに泥を塗る

■からだで紙に描く

■園庭に描く子

■泥で紙に描く

第2章　子どもが絵を描く意味　13

からだにおいて表そうとした痕跡のようにも見えます。

　これが保育室の中では、紙が環境となり、手にたっぷりと絵の具をつけて、スタンプしたり、垂らしたり、左右の手でこねまわしたりとその行為は続きます。自分のからだを通して自分が道具となり、直接に画面に働きかけることによって、筆感は自分の触覚を通してのものとなり、からだのすべてが駆使され行為が試みられていきます。

　このような活動は、子どもだけでなく、大人にとっても充実感や喜びを感受させます。教員養成や保育者養成の学生の中にも、実は、絵を描くことが苦手な人がたくさんいますが、卒業の前に、実技の中でどのような活動が心に残っているかをたずねると、フィンガー・ペインティングだと答える学生が多くいます。

　絵の苦手な人たちが、絵に対する意識や感じ方を変え、描くことを喜びとして変容させていくきっかけになる要素が、このフィンガー・ペインティングにはあるようです。その感想からは、「気持ちよさ」などのような、心の開放につながる言葉が聞かれます。全身の感覚と運動を通して、紙と一体化するように描くことから、その感じ方は生まれているようです。

　フィンガー・ペインティングという言葉は、1931年、イタリアの幼児教育でルース・ショウが試みて名づけたのが始まりだといわれています。子どもの傷にヨードを塗らせようと渡して、しばらく目を離していると、それまで絵に意欲など持たなかったその子が、傷のことなど忘れたように手にいっぱいヨードをつけて、楽しそうに指で描いていた様子を見て、彼女は「これだ！」と叫んだそうです。手で直接、画面に触れて描ける絵の具が必要だと考えた彼女は、その創作に取り組みました。彼女は、この活動の意味は、精神衛生や創意育成にあると述べ、「指は筆より前につくられた」「フィンガー・ペイントは泥んこの直系の孫だ」という名言を残しています。それを日本に紹介した宮武辰夫は、「ぬたくりは、これからおこる幼児の生活の精神的なものの基本になり、筋肉運動の進展やコントロールや工夫のもとになる」

「フィンガー・ペインティング」

と、その活動を奨励しています。

　子どもたちにとって、精神を発散させ、心を開放させていくこのような活動はとても重要です。なぜなら、描くことの喜びに通じる根源的なものが、このような全身を用いた活動にはあるからです。「泥んこの直系の孫だ」といわれるように、その活動は、描くことによって全身で環境と結びつき、その感覚を表そうとしているようにも見えます。このような活動を充分に経験してこそ、子どもたちは描くことを喜びとして受け止め、描き続けていくのです。

3　「感じること」と「描く行為」

　子どもは、外の世界にあるものを感じて、その刺激をからだの中に取り込むことによって行為を生み出し、そして、その自分の行為で関わった環境（もの）の変化から何かをまた感じて行為を生み出していきます。そのような「感じて表す」という行為を、絶え間なく繰り返しているのです。

　1歳半ごろの子どもの前に、白い紙とクレヨンがあったとき、子どもは、まず白い紙と描画材という環境を刺激として感じ取り、それを手に取って点を打ち、点を感じてまた点を打ち、それを感じて線を描

き、いつのまにか紙は縦横の線で埋め尽くされます。瞬間、瞬間に起こる線や色の変化を刺激として感じ、その刺激に連動して手を動かすという絶え間ない「感じて表す」過程の積み重ねによって、線や形が生み出されているということが考えられます。

このように、1歳半ごろから描画は始まるのですが、やがて、その「感じて表す」という営みの中で、「イメージ」や「思考」が生まれ、4歳前後になると図式的にイメージを色や形に表すという活動を生み出していきます。しかし、このような1歳から3歳ごろに見られる「ぬたくり」や「スクリブル（なぐりがき）」といわれる過程がなければ、イメージを形にしていくという活動は生まれてきません。5歳でも、はじめて絵の具を手にした子は、やはりぬたくりから活動を始めます。また、長い間、描画材に触っていなかった子どもも、やはりはじめはこのような活動から入ろうとします。

砂場では、その様子が顕著に見られます。砂で遊んだ経験のない子は、いきなり形を作り始めることはなく、はじめは砂の中に手を入れたり、砂を手にとって上からこぼしたり、穴を掘ってみたりと、砂という環境（もの）と触覚を通して関わりながら、形にはならない活動を延々と続けます。その過程の中で、イメージが生まれ、山ができ、それを見て穴を掘り、それを見立ててトンネルができ、それを見て道をつなげ、やがて、高速道路や町や動物園といった具体的な形を生み出していきます。形にならない活動は、5歳より3歳と年齢が低いほど時間は長く、5歳でも、砂場遊びの経験のない子は、しばらくその活動を独りで繰り返し試みています。その過程は、描画材に見られる内容と同じであるといえます。

これまで見てきたように、自発的で発生的な「描く」という行為は、「感じ取る」ことによって生まれてくるといえます。つまり、「感じる」ことなくして、「描くこと」は生まれないということです。逆に、「描く」ことによって、「感じる力」は鍛えられていくということもいえ

るのではないでしょうか。

　ここに、人間は感じることがなくては生きていけない、ということを示す有名な実験があります。「感覚遮断実験」(Heron, 1957) といって、一人が入れるほどの密室に被験者が横たわり、目をゴーグルで覆い、耳には一定の「ザー」という音がイヤホンから流れ、ものが触れないように両腕に筒がはめられ、空調は一定に保たれている状態の中で、すべての感覚を遮断したときに、人間はどれぐらい耐えられるものなのかを確かめようとする実験です。早い人は数時間で、ほとんどの人が48時間以上は耐えられなかったということです。ちなみに、今ではこの実験は危険であるとして禁止されています。

　このように、刺激をからだの中に感じて取り込もうとすることは、人間の生理的な本能として備わっているようです。そうであるならば、「感じる」ことによって生まれる「描く行為」も、「感じること」と連動した本能的なものであると考えられるのではないでしょうか。ですから、子どもたちにとって、描くという行為は、まずはそれ自体が楽しいものなのです。「感じる」という欲求を充足させてくれるその行為は、「生きる喜び」として映るのです。

　しかし、大人になるにしたがって、そうではなくなっていくというのはなぜでしょうか。一つは、大人に近づくほど、はじめにイメージが優先し、描く行為自体を楽しむことより、イメージを表すことが目的となり、その意識によって描こう

■感じることと描くことの連鎖において作品が生まれていく。

第2章　子どもが絵を描く意味　17

とするようになってしまうということです。もう一つは、大人に近づくほど、視覚・触覚はもちろん全身の感覚がつながっていた幼児期とは異なり、視覚が独立し分化していきます。それによって「見えるもの」、つまり視覚的なイメージが優先し、それを描くという客観的な営みとして限定されるからであるという見方もあります。

　上記のように、子どもの描く行為は「感じて表す」ことの絶え間ない過程であるといえますが、そこに大人の持つ具体的なイメージをあてはめたり、押しつけたりしてはならないのです。子どもが豊かに感じることができる環境をどのように大人が配慮するかということが、子どもの描画にとってまず大切になります。

4　「見方・感じ方・考え方を広げていく営み」としての「描く行為」

　人間は、感じたものを行為に表すための手段を、四つしか持っていないといわれています。それは、「言葉」「からだ」「音」そして「もの」（造形）です。「絵を描くこと」も、描画材という「もの」によって表すという中の一つの手段です。ほんのささやかな手段かもしれませんが、それは、「三次元や四次元の世界でのことを、平面という二次元の世界に表していく」という営みであり、ほかの、「言葉」「からだ」「音」と比較して、視覚との関わりが重要な要素となっています。しかし、大事なことは子どもの描画活動においては、視覚だけでなく全身の感覚との協応によって成り立っていると考えられていることです。

「春の花と海」
■視覚だけでなく全身の感覚との協応によって成り立っている。

知覚心理学の立場から、「開眼手術」の実験において、興味深い報告があります。

　先天盲であった人が、成人して開眼手術を受けて目が見えるようになった場合、たとえば、テーブルの上にリンゴがあるとき、「リンゴ」という言葉も、そこに見える「リンゴ」という実物もその人は認識できるのに、「リンゴ」の形を紙に描こうとしても、それは描けないというのです。触覚では「リンゴ」を認識できていても、リンゴという立体を絵で表すことはできないのです。突然、視覚を獲得して、リンゴが見えるようになっても、それを描けるものではないということです。

　つまり、見たものを平面に描くということは、視覚の機能だけでなく、諸感覚とのつながりや関係から学習されていくものであるということが考えられます。とりわけ、幼児の描画では、視覚とほかの感覚は切り離しては考えられないものなのです。とくに、幼ければ幼いほど、触覚の支配が強いといわれています。

　右の作品は、鳥居修晃・望月登志子著『先天盲開眼者の視覚世界』のカバーに使われているもので、先天盲開眼者のMさんが右目に3回目の角膜移植を受けてから約6年後に描いたものです。彼女はわずかに捉えることのできる形と、はっきり見える色彩、それから触覚をたよりにイメージを広げクリスマス・ツリーを描いたということです。絵画は視覚的なものであって見ることによって描かれるも

「クリスマス・ツリー」
■開眼手術を受けたMさん（20歳当時）の作品。
（鳥居修晃・望月登志子『先天盲開眼者の視覚世界』東京大学出版会、2000年）

第2章　子どもが絵を描く意味　19

のであるという自明な概念を、この作品は覆すものではないでしょうか。

　視覚と触覚の関係について、中村雄二郎は、著書『共通感覚論』の中で、「基本的なものはあくまで体性感覚（触覚）の方である」と述べています。たとえば、大人は、ザラザラしたものを見ただけで、それがザラザラしているという感触を認識することができます。しかしそれは、以前に触るという経験があってこそその感覚にいたるのです。このように、大人は「見ること」によってほかの感覚を意味づけることができるのです。しかし、子どもはそのようにはいきません。幼児は、視覚と諸感覚は一緒になっていて、全身の感覚で環境と関わり世界を知ろうとします。9歳前後になってようやく視覚は機能として独立し、今度は視覚によってほかの感覚は意味づけられ、「見ること」を中心にしてさまざまな世界を認識しようとするようになるといわれています。

　では、「描くこと」は、「見ること」と関わり、どのような意味を持つのでしょうか。「見ること」と「思考」との関係から、絵を描くことの意味について考えてみたいと思います。

「ロケットにのって、おかしのいえがたっているうちゅうへくんだ」（5歳）
■子どもは描きながら思考し、視覚を通し思考しながらイメージを広げ描いている。

　子どもは幼いほど、はじめから思考やイメージがあるわけでなく、描いている中で、イメージが生まれてくる場合が多くあります。たとえば、グルグルと円を描いていて、それを「ママ」とか「花火」とかいうことがあります。また、3歳前後になると、形に意味をつけるようになり、描

いた形からイメージがどんどんつながり、「ダンゴムシ」「お花が咲いてるの」「イモムシ」「空飛ぶの」と絵の中でイメージを広げていく様子が見られます。これらの場合は、思考した結果を絵に表そうとしているというより、「描きながら思考している」ということがいえます。もちろん、2歳前後の子どもでも、自分の描いた線をじっと見つめて、そっと線を加えたり、色を選び取ったりと、じっくりと思考しながら行為を生み出していく姿も見られます。そして、4歳ごろになると、経験したことや想像したことをもとに、描きながら形を思考し、イメージを図式的に表そうとしていきます。

　岩田誠は、著書『見る脳・描く脳』の中で、絵を見たり描いたりする活動は、その活動自体が視覚を通した思考の過程であると捉えています。思考というものを、「外界から感覚を通して受容したさまざまな情報から、意味のある情報を引き出し、それにもとづいて自分がいかに行動すべきかを判断していく過程」と定義し、その中でも、「見ること」を通した思考の過程を、「視覚的思考」と呼んでいます。そして、「絵を見る、あるいは絵を描くといった絵画活動は、この視覚的思考の中で最も重要な部分である」と述べています。

　つまり、さきほどの子どもの様子からこのことを考えてみますと、描きながらイメージを広げていく様子や、イメージから形を生み出していく様子、経験や想像したことをもとに描きながらイメージを色や形にしていく様子は、視覚的思考の過程だといえます。子どもたちは、絵の中で、色や形を「見ること」から思考を始め、思考することによって色や形を作り出す行為を生み出し、その連続した営みの中で絵は生まれていきます。子どもは、「見ること」を通し「描きながら思考している」のであり、子どもは、このような「描くという思考の過程」を通し、見方や感じ方、考え方を広げているのです。

　その見方や感じ方や考え方は、さまざまな「もの」や「人」あるいは「できごと」との出会いの中で生まれた経験がもとになっているということはいうまでもありません。子どもたちは、描くという過程の

中で、それらの経験とを結びつけ、思考しながら色や形で表し、世界を広げていくのです。その世界は、ものの見方だけでなく、社会的な認識も、科学的な認識も、人と人との関係も、自然との関係も、彼らの生きているすべての世界と関わっているのです。

5 「イマジネーションを育む営み」としての「描く行為」

　3歳ごろになると、ファンタジーと現実の世界を行ったり来たりしながら、絵を描いていきます。空想の世界を描けるということは、つまり、現実でない世界を想像できるということであり、そこには豊富なイマジネーションがあるということです。

　再びチンパンジーの描画と人間の描画を比べてみたいと思います。チンパンジーの絵は、円をクルクルと描くあたりで終焉を迎え、それ以後は何歳になっても、自分の力で形に表すところまではいたりません。しかし、人間はそれ以後も自発的に絵を描き、からだと心の成長とともに描画も発達していきます。どうして人間だけが、それ以後も自発的に絵を描き続けるのでしょうか。その違いの一つは、大脳の問題であり、言葉との関わりやそこに関わるイマジネーションの問題であるといわれています。

　さきほどの京都大学霊長類研究所の報告では、チンパンジーは、人形を抱っこして、ご飯を食べさせる真似をしたり、赤ちゃんの泣く真似をしたり、傷の手当の真似をしたりと、実物とは異なる

ものを用いて実物であるかのように表現することができるということです。つまり、ものの「シンボル機能」が備わっていることになります。さらに、チンパンジーは鏡や写真を見て自分や他人を選別できるそうで、つまり自己認識や他者認識もできるわけです。そしてさらには、漢字という記号を理解でき、ボディーランゲージもできるということです。ところが、話すことはできないのです。

つまり、チンパンジーには言葉の文化が形成されていないということが、大きな違いです。言葉の文化がないということは、言葉という記号から生まれるイメージを、つなげたり広げたり、現実にない世界を想像したり、さらなる新しい世界を想像したり、想像力を働かせてイメージを創り出していくという営みが生活の中にないということです。さらに、言葉によって生活を営むということは、イメージを伝達しあう想像力が必要となります。とくに子どもにとっては、イメージを具体的なものとして現実の中に表す方法は言葉だけでなく、絵もその方法の一つとして重要な役割を果たしています。

子どもの描画は、言葉の成長と関わりながら発達していきます。人間の子どもの発達を見ていくと、2歳ごろになると、丸を描いて「ママ」とか「パパ」といい、形に意味をつけていきます。そして、4歳前後になると、心の中にあるイメージを図式的に現実の形にしていきます。お話をするように描きながら、イメージをどんどんと広げていきます。いわゆる「絵画の黄金期」の時代を迎えます。子どもは、経験したことを思い出したり、想像したことをもとにしながら描くことによって、イメージを現実の世界に表そうとしていきます。ここに、イマジネーションは育まれていくと考えられます。このように、子どもたちは、絵を描くことによって、想像力を働かせ「人間が人間らしく生きる術(すべ)」を獲得していくのです。

6 「コミュニケーション」としての「描く行為」

絵画を取り巻く今日の状況の中で、「表現」の意味は多義に捉えら

左：「他者とのコミュニケーション」
■描かれた絵の中には必ず何か伝えたいことがある。

中央：「自分とのコミュニケーション」
■子どもは必ずしも最初から明確に何か描きたいことがあって描き始めるのではなく、子どもは描きたいから描くのであり、その描く行為自体が自分との会話となっている。

れているように感じます。では、子どもにとって「表現」とは何なのでしょうか。

　「表現」は「伝える」ことと関わっているといわれています。たしかに、子どもは、絵を描くと「できたよ」と作品を見せにやってきます。子どもには、伝えたいことがあり、伝えたい人がまわりにいるということはとても大切なことです。そして、子どもの絵を大人が受け入れ、その内容を理解していくことは、子どもの表現をさらに意味づけるためにも重要なことです。しかし、子どもは、最初から伝えることを目的に絵を描いているわけではありません。描きたいから描くのです。

　子どもの絵の中には、感情の発露や伝える内容の見えない描画もよく見られます。一般的に、伝えたいことを表すことが表現であると受け止められ、そのような内容の見えない描画は感情の発露や「表出」であって「表現」ではないという見方があります。しかし、そこにはいささか疑問を感じます。表現が「伝達」と関わっているとするならば、たしかに絵はコミュニケーションの手段ということになります。そこで、それがだれとのコミュニケーションなのかが問題となります。子どもには、「他者とのコミュニケーション」もあれば、「自分とのコミュ

「描く行為を通したコミュニケーション」
■描くことを通して他者と感覚を共有しあう。

ニケーション」もあるように見えます。この「自分とのコミュニケーション」が大人には理解されていないように思われます。子どもの絵を描く様子を見ていると、その行為自体が自分との会話のようにも見えます。感情の発露や表出といわれる絵の中にも、自分とのコミュニケーションという視点で見てみると、おしゃべりをしているかのように、子どもの あらわし が見えてきます。

　私たちは、絵を描いた人と見る人の関係で「この人は何を伝えたいのか」といったコミュニケーションのあり方をつい考えてしまいがちですが、子どもの描画ではもう一つ、描くという行為の過程の中でのコミュニケーションのあり方を考えてみる必要があります。さきほどの、「自分とのコミュニケーション」も、描く過程の中で起きている自分との対話のあり方でしょうし、他人との関係においても、そのようなコミュニケーションの形は見られます。

　たとえば、絵の具遊びでの様子や、同じ紙の中に仲間同士で描いているときの様子などです。ある子が絵の具を垂らしたときに、見ていた子が「わーきれい」といってそこに絵の具を同じように垂らして感覚を共有するような行動や、同じ紙の中で共通のイメージがでてきて、

第2章　子どもが絵を描く意味　25

そのイメージを一緒に描こうとする様子などが見られます。これらは、共通の感覚や感じ方を、描く中で共通に体験しながら、それぞれの感じ方や表し方に触れて、感覚を共有していくという営みです。ここには、言葉ではない、非言語な「色や形」というものが伝達の役割を果たしています。

　このように子どもの「表現」を伝達という視点から整理してみると、「他人とのコミュニケーション」と「自分とのコミュニケーション」があって、さらに、描く行為の過程に目を向けていくと、「描く行為を通したコミュニケーション」という、描くこと自体を通して感覚を共有しあおうとするコミュニケーションの形が見られます。

　しかし、どちらかというと、私たち大人はこのようなコミュニケーションの視点をないがしろにしがちです。作品だけで子どもの表現を語るのではなく、どのようなあらわしであっても、その色や形、描く営みの中に、子どものあらわしを見ようとすることが必要ではないでしょうか。

第3章
子どもと大人の
リアリティーの違い

1　異文化としての子どもの絵

　絵の世界にも、大人を小さく未熟にしたものが子どもであるような見方、たとえば、子どもの描いた絵をどこか軽視したような見方がありますが、それはとても大きな問題です。民族と民族の文化が違うように、子どもの文化と大人の文化は、まったく異なったものです。そのことを無条件に受容し、理解しなければ、子どもの文化を下視(かし)した考えが生まれてきます。子どもは小さなからだで懸命に生きていて、その営みとして生まれてくる絵や表現というものは、一人の同じ人間として、かけがえのないものとして捉えていくことが何より大切なことではないでしょうか。そういう視点が大人にあるかないかということが、「社会の中で弱者に目を向けられるか」とか、「人間の文化を大切にできるか」という社会の風潮につながるのではないかと感じます。

　では、絵の世界では、子どもの世界観と大人の世界観のどこが一番違うのかということについて考えてみたいと思います。

　次の絵は、5歳の子どもが家で描いた作品です。この子が、「自転車かきたい」といったとき、親は「えっ、この子が絵を描きたい？それはすばらしいことだ」と、早速、駐車場にあった自転車を玄関まで運び、「さあ自転車よ。描いたら」とクレヨンと画用紙を用意しました。その子はしばらくその自転車を見ながら、玄関で描いていました（上図）。しかし、自転車の形を途中まで描くとやめてしまい、すっと紙とクレヨンを持って奥の居間のほうへ行ってしまいました。親が

左「自転車：表」（5歳　男児）
■なぜ彼はここまで描いてやめてしまったのでしょうか。

下「自転車：裏」（5歳　男児）
■彼が描きたかったことは何だったのでしょうか？

「えっ、どうして描かないの？」と思っていると、その子は居間のテーブルの上でその画用紙をひっくり返して、裏側の真っ白なところに、一気にこの絵を描きあげて、「できたよ」といったそうです（下図）。

　もう少し詳しく、この絵を読み取ってみたいと思います。まず、子どもの目に注目すると、とても大きく見開いています。後ろからは恐怖を感じるような黒い自動車、信号の赤の強調、背景の緑とオレンジを乱雑に塗り重ねた情緒の不安定な色彩。しかし、道端にそっと咲く一輪の花、遠くの家の中にいる優しい顔の人。彼なりの遠近法で描かれた遠くまで続く道、風になびく髪。この絵からは、「僕、自転車に乗れるようになったんだ。風が吹いて気持ちよかった。でも車が怖かっ

たよ。遠くまで行ってきたんだ。家には、お母さんが待っていてくれたんだ」といったつぶやきが聞こえてきそうです。この「自転車」という一枚の絵には、とてもひとことでは言い表せない微妙で複雑な彼の心境が表れているのです。

　つまり、この子は、自転車の「見えた形」を描きたかったのではなく、「自転車のすべて」、自転車に乗れるようになって嬉しいこと、自動車が後ろからきて、信号が赤で怖いこと、気持ちのいい風が吹いてくること、遠くまで乗って行けるようになったこと、お母さんが家で待っていてくれることなど、自転車を通して経験したすべてのことを表したかったのです。

　大人は「自転車」と聞くと、目に見える自転車の形が浮かんできますが、このころの子どもは、目に見えるものだけでなく、知っていることのすべて、感じたこと経験したことのすべてを描こうとします。

　このように、子どもは、まず自分のからだの経験からものごとを探ろうとします。「子どもは、想像することや思考することで伸びていく」といわれますが、豊かな想像や思考は、確かな経験が土台にあってのことです。子どもは、知り得た現実から想像や思考をするのです。そのような子どもらしい豊かなあらわしに大人が出会ったとき、それがたとえ試行錯誤のものであっても、どのような色や形であっても、それは私たちの心に響いてくるはずです。子どもが、自分自身で経験し、考え、想像した世界を、子どもなりの正しさと豊かさをもって表現していけるように、大人はそれを理解し受け止めていきたいものです。

　では、このような大人と子どものリアリティーの違いはどこから生まれてくるのでしょうか。

2　「視覚のリアリズム」と「感覚の総体のリアリズム」

　私たち現代人の生活は、90％以上が視覚に支配されているといわれています。たしかに、目隠しをしてしまったら、私たちは生活することが非常に困難になってきます。頭に浮かぶイメージも、大人は視覚

で捉えた写実的なイメージが何よりも優先してしまいます。私たち大人の生活は、目に見えたことが中心で、客観的な思考と、写実的なイメージによって世界を捉えようとしています。子どもの絵も、10歳ごろになると、写実的、客観的、視覚的な表現となり、大人の絵へと変化していきます。これはもちろん、描画の発達過程に見られることですが、このような視覚的、客観的な社会の生活背景が、子どもの発達に影響を及ぼしているという見方もあります。

　しかし、少なくとも、それまでの子どもたちのリアリティーは、先の自転車の絵からもわかるように、見たことだけでなく、知っていること、経験したことのすべてであることがわかります。つまり、子どもの中に見られるリアリティーは、視覚だけでなく、五感といわれる触覚や聴覚、嗅覚や味覚、さらには、それらを統合したからだ全体の感覚によって形成されていくものであるということです。

　ですから、絵を描くという以前に、あらゆる感覚を通して感じるという豊かな生活体験が、子どもたちの生活の中で保障されているということが重要であり、そのような生活体験が、子どもたちの豊かな見方や感じ方を育むためには、何よりも大切なことなのです。

　そして、子どもが絵を描くという行為は、そのようなあらゆる感覚を通して「外の世界から自分の中に情報を取り込み、その知ったことをもとにして、自分のイメージを色と形にしていく」という営みだといえます。つまり、子どもが絵を描くということは、あらゆる感覚によって取り入れた情報を、「色と形によって統合していく」という行為なのです。そこに、子どもが絵を描くことの一つの意味があります。

第4章
その子なりの表現を
どう捉えるか

1　子どもの世界観を踏みにじる大人の概念

　まだ私が駆け出しのころの話になりますが、ある新聞社が主催して子どもの作品を公募し、その中から数点を選び、新聞の紙面で毎月作品を発表するという企画の選考を頼まれたことがありました。毎月、何百枚という子どもの絵が私のところへ送られてきて、その中から、一人で作品を選び、コメントを書き、それが毎月紙面にカラーで発表されるというものでした。しかし、二ヶ月、三ヶ月とやっているうちに、いろいろと疑問に思うことがでてきました。その中でも、今思えば、そのころの自分の未熟さを思い知らされた、あるできごとがありました。

　二ヶ月目の選考で、おいもを両手に持って、画面いっぱいにその子の顔が描かれている女の子の絵がありました。その絵には、大きな口をあけ、おいもをおいしそうに食べる顔が大きく描かれていました。顔とおいもが重なり、幼児にしては、食べている様子が写実的に表されていました。その作品を選びコメントをつけて掲載しました。しかし、翌月に送られてくる作品の中にも、同じ構図で、同じ描き方で、同じような絵がいくつもでてきました。調べてみると、ある法則にしたがって描かせていくと、たとえば、最初に大きな「おいも」を画面の中央に描いて、次に目、鼻を描いて、それからおいもを食べようとする口を描こうとすると、おいもぐらいの大きな口ができ、最後に顔の輪郭を描くとだれもが、大きな口をあけておいもを食べるその「大

きな顔」が描けるというものでした。

　「この指導者たちは、絵を通して何をしたいのだろうか」「何のために、子どもに絵を描かせようとしているのだろうか」「絵で何を育てようとしているのだろうか」。そして私は、「この絵の中から、子どもたちの何を見ようとしていたのか」と、考えさせられたものです。たしかに、それら一つ一つはそれぞれに個性があるのですが、大人の「上手・下手」の価値観や考えにおいて指導されているものや、どう見ても発達にそぐわない表現に出会うことがしばしばありました。子どものリアリティーと大人のリアリティーは異なるという前提に立てば、大人の概念や価値観、方法で子どもに絵を描かせようとすることは、子どもの世界観を踏みにじるものです。その子の世界、その子らしさ、その子のかけがえのなさを表現の中に見ようとすれば、そのようなことはできることではありません。

　子どもには、その子なりの表現があり、その意味を読み取ろうとしていく大人の見方が、一人一人の子どもを大切に見ていくということにつながっているのだと、多々の事例に出会うたびに気づかされます。それは、自分の子どもであるとか、自分のクラスの子どもであるからというのではなく、すべての子どもたちに対して同じではないかと思うのです。

2　「かけがえのない営み」を読む

　右上の作品は、左端がハサミで切り裂かれています。「どうして大切な作品にこんなことをするの」と、その子を戒めたくなりますが、この行為を、「どうしてこの子はハサミで切ったのだろうか」と、その子どもの行為の意味を探ろうとすると、見えてくるものがあります。

　この作品は、2月の寒いころ、お花畑に行って小さな花を見つけ、そこで遊び、その後に描いた作品です。作品がおおよそできあがったころ、その子は、「ハサミちょうだい」といって、緑の色紙を切り、草が描かれているところにまずその緑の色紙をテープで貼りました。

「2月のお花畑の風」（5歳　女児）＊
■なぜ作品の左端をこの子はハサミで切ってしまったのだろうか。

　草の緑色を鮮やかな色紙で表したかったのでしょう。そして、しばらくハサミを持って考えていると、突然、絵の左端を切り始めました。その切り方は、乱暴な切り方ではなく、ていねいに真横にハサミを入れながら直線に切っていました。「えっ、どうして切るの？」と思いながらお母さんが見ていると、その子は「風さんなの」とつぶやいたそうです。2月の寒いお花畑に吹いていた、肌に突き刺さるような風を、彼女は彼女なりの方法で表現しようとしたのです。

　はじめは、この作品がなぜ切られているのかわかりませんでした。しかし、さらにこの作品を読み取ってみると、地面は、茶色の上に黒で描かれて、冬の硬い地面の感じが表され、その地面の中には種があり、その種から地面を突き破るように花の茎が伸び、花が元気よく咲いています。冬のお花畑の様子が五感に伝わるように描かれています。そういう意味でハサミを使ったとしたならば、なるほど、これは「冬の冷たい風」なのかと理解することができます。つまり、作品の表面だけを見ていては、その子の表そうとする意味までも読み取ることは難しいですが、その子の生活の背景や、生活とのつながりを見ていく

第4章　その子なりの表現をどう捉えるか　33

と、絵の中でその子が描いた一つ一つの線や色が、それぞれ意味のある営みとして見えてくるのです。
　同じように「風」を表現した別の作品を見てみたいと思います。同じ風であっても、その子が表そうとする意味や背景によって、内容は異なってきます。
　下の５歳男児の「園庭の思い出」の作品は、卒園を前に、一斉活動の中で園生活を振り返ったときに描いた作品です。夏のカブトムシのことや、冬の凧揚げのことなど、一年の季節の中で経験したことが、一枚の絵の中に描かれています（異時同存）。そこに吹く風は、一本の青色のクレヨンで、軽やかに表現されています。明らかに、先のハサミの肌を突き刺すような現実感のある風と違い、楽しかった園生活を思い出すような爽やかで楽しげな風が園庭に吹いています。
　この子は、最初に凧揚げの様子を描き始め、凧を描いているうちに、生き物のタコにイメージがつながって凧の上にタコを描き、さらに園庭の思い出がカブトムシや春のできごとへとつながり、一枚の絵の中で、イメージはどんどんと広がっていきました。そして、最後にクル

「園庭の思い出」（５歳　男児）＊
■春夏秋冬の構築された時間の中でこの子は風を描いている。

リと風を描いています。

　この風には、季節や時間の経過、空間を想起させるものがあります。どちらも最後に風を描いていますが、先のハサミの風は、「今日のお花畑に吹いていた冷たい風」というその日の風ですが、この風は、一つのできごとからではなく、園庭に吹いていた凧揚げのときの風や、夏にカブトムシを採るときに吹いていた風で、春夏秋冬の時間が構築された中で、この子が園庭で感じた総体としての風のイメージです。楽しかった園庭での生活を想起し、それを簡潔に描いています。線の動きや形は軽やかで簡潔ですが、簡潔であるがゆえにその子なりの意味がうかがえます。

　もう一つの、4歳女児の「風」は、初夏に園庭で泥遊びをしていたときに、彼女が泥と自分の手で描いたものです。はじめは泥の中で遊んでいたのですが、紙が用意されると、彼女は何枚か描いた後、手に泥をつけ、その紙をすうーっとなぞり、「風」とつぶやきました。園庭の中で、園庭に吹いている風を感じ、風と一体化するように直線で描きました。この線を描く行為の過程で、彼女も風になってしまった

「風」（4歳児　女児）
■吹く風に直接に身を置いたときこの子は描くことでその風と一体化している。

第4章　その子なりの表現をどう捉えるか　35

ように描かれています。

3　表現的な身体存在

　ここにおいて、幼児画と作家の絵を比較するつもりはないのですが、現代美術家で哲学者の李禹煥（リ・ウファン）の作品にも、「風」という作品があります。彼は、著書『出会いを求めて』の中で、人間の内側と外側の世界の両方の場をまたぐ媒介として「身体」を捉え、その役割に着目し、人間の造形行為について述べています。

　それを、この女児のからだと造形行為に着目して考えてみると、この子の風の絵は、園庭に吹く風に直接的にからだを置いたとき、彼女のからだがその外と内の両方の場をつなぐ媒体となり、その「出会い」、つまり「一体感の知覚」を、描くという身体行為において具体的にした痕跡だと見ることができます。

　さらに李は、「人間は、表現者でなくては具体的には存在しえない。人間が直接的な世界に、具体的に存在するためには、表現的な身体存在でなくてはならない」と述べています。

　彼のいうように、この子が園庭に身を置いたとき、その空間とその土と紙と風との出会いの中に具体的に自分を存在させる営みとして、その直線を描いたとするならば、芸術家であろうと子どもであろうと、その営みはかけがえのない人間の表現であるはずです。

　彼の哲学をさらに引用すれば、「十全な意味で生きるとは、直接なる世界のような詩的瞬間を経験すること」であり、「歴史人とは、出会いの瞬間に生きる表現者」であるのです。芸術家でなくとも、すべての人間は、ましてや外の世界に対して素直にからだを開くことのできる子どもたちは、この詩的瞬間に生きる表現者であり、「すべての子どもはアーティストである」という言葉もうなずけるのではないでしょうか。

　つまり、なにげなく紙や園庭に描かれている描画にも、その一つ一つの行為に人間の営みとしての意味があるということです。もちろん、

「かっか（お母さん）がふくをかっているところ」（4歳　女児）

　発達や年齢によって、意味や内容も異なってくるわけですが、たとえば、ハサミで切られた絵の意味も、さりげなく塗られた泥の線も、その意味に気づかなければ、他愛無いものだとして葬られてしまうだけです。
　ある幼稚園の先生からこんな話をうかがいました。絵を持ち帰らない子どもに、「この絵、家に持って帰ろうね」というと、その子は、「だって、お母さんが、『また同じような絵を持ってきたね』っていうんだもの」といったそうです。
　たしかに、幼児の絵は、何が描かれているのかわかりにくく、その子には一枚一枚が違っていても、大人には同じように見えてしまうかもしれません。しかし、この言葉には大きな問題があります。その子の絵を、同じでわからないからといって否定することは、その子の営みや存在そのものを否定することにもなります。なぜならば、人間は、ましてや子どもたちは、表現者でなくては直接的な世界に、具体的に存在しえないからです。つまり、子どもはそもそも表現的な身体存在であるのです。

第4章　その子なりの表現をどう捉えるか

たとえ理解しにくい描画であっても、「なんだろう？」「なぜだろう？」「どうしてだろう？」と、その営みの意味を見出そうと試みていくことが、一人一人の子どもをかけがえのない存在として、あるいは大切な存在として見ていくことにつながるのではないでしょうか。
　また、保育者や教師は、その描かれた絵の意味について、言葉でもって親に伝えていかなければ、親の見方は変わらないでしょうし子どもの可能性をも摘み取ってしまいかねません。

第5章
描画の発達過程を問い直す

1 自明の発達過程からの脱却

　子どもの描画の発達段階を見ようとするとき、たしかに、子どもの発達段階には道筋がありますが、教科書に定説としてあるものを規範として一人一人を見てしまうことには問題があります。描画の発達段階は直線的で系統立っていると見られがちですが、そこにはいくつかの弱点があります。

　一つは、社会の急激な変化や背景、文化や生活習慣などさまざまな影響によってその適用はあてはまらない場合があるということです。とくに、近代以降の社会や文明の写実的、客観的な志向は、子どもの絵の方向にまで影響を及ぼしているという見方があります。

　もう一つは、その分類は、子どもの表現の動機や意識、生活やさまざまな欲求の発達段階を見たものではなく、結果としてある作品のデータから逆算し、段階的に発達を分類したものであるということです。ですから、子どもからではなく、作品から発達段階を分類し、その子どもの意識や成長を規定してしまう恐れがあるということです。この子の表現は遅れているとか、進みすぎているとか、枠をはめて子どもを見てしまうということはよくある話です。今を生きる、目の前のその子の発達の中で、一人一人の発達を考えていく必要があるのです。

　平田智久は「現代乳幼児における描画表現の特性とその発達過程に関する研究」での膨大な資料をもとにした分析から、3歳ごろには消

えるといわれるスクリブルも5歳ごろまで見られることや、3歳ごろに表れるといわれる頭足人も4歳が最も多く、6歳を過ぎても1割近くが描いていることなど、「現代の幼児が描く作品には、過去の概念的見方・考え方が通用しない」ということを述べています。

　たとえば、一般に最も引用されているローウェンフェルドの分析も、50年以上前の一定の地域をもとにした統計であり、それを実態も社会背景もまるで異なる現代の子どもの発達過程に、そのまま適応させて考えようとすることには無理があるように思えます。また、順序立った直線的な段階で発達していくと思われている描画の発達過程も、そうではないことが私たちの身近な事例からうかがえます。

　「絵を通した子どもの育ち」「絵を通した教育」という立場から子どもの絵を考えると、絵を描くということは、その瞬間の色と形の出会いであって、その豊かな出会いと描く過程の中にその意味があるわけで、定説としてある発達段階に適応させることがその教育の目的ではないはずですし、発達段階とは別のところに、「子どもの育ち」を考えていく本来の意味と目的はあるはずです。ですから、あくまで発達過程は一つの目安であって、子どもの発達は、その子その子の中で見ていくことが必要です。本書の記述についても、そのように読んでいただけることを願います。

2　スクリブルのころ——なぐりがきは絵であるかないか

　2章で見てきたように、1歳半ごろになると、子どもは鉛筆やクレヨンを握り、点を打ちだします。そして、肩からの運動により手を左右に反復して横線を描くようになります。次に、ひじをまわしながら使えるようになってくると、上下の縦線がひけるようになります。さらに、手首から肩までの作用によって、グルグルと丸を描けるようになってきます。このころに見られる線描きは、錯画、なぐりがき、またはスクリブルと呼ばれています。子どもの描画活動の一つ一つの行為を、かけがえのない営みとして見ていこうとするとき、この「なぐ

りがき」という言葉の解釈には、いささか抵抗感を覚えます。ですので、本書では、「スクリブル」（Scribble）と呼ぶことにします。

　このスクリブルは、点、横線、縦線、円と順をおって発生してきますが、円が描けるようになったその後にも、点や縦横のスクリブルが見られます。また、のちに、形が描けるようになっても、自分の絵の中や紙の裏側に、具体的に意味を持たないスクリブルが見られることがあります。また、同じスクリブルの中にも、意志を持って描いたと見られる線や、イメージと結びつけようとする線があります。

　このスクリブルは、運動感覚と身体感覚の相互作用によって生まれる「表出」であると見られ、一般的には、その線は具体的な意味を持たないものであるとされています。ですが、その「表出」という言葉にもいささか抵抗があります。たしかに、この線は、紙と描画材を通した手の運動と全身の感覚を総動員した探索活動であると見ることができます。しかし、これがすべて「表出」であって、「表現」ではないのかというと、そこには疑問が残ります。

　子どもの活動の中では、表現と表出は複雑に絡み合っていますし、それは区別して考えられるものではありません。たとえば、グルグルと円を描いていた２歳の子が、突然、自動車に乗ったような気分になり、「ぶーぶー」といいながらグルグルと描いた作品を見せてくれました。これは自動車の形を描いているわけではないのですが、描く行為からイメージが生まれ、そのイメージを「描く行為」で表現したと

「点と横線」（１歳半　男児）

第５章　描画の発達過程を問い直す　41

見ることができるのではないでしょうか。

　また、2章の「『コミュニケーション』としての『描く行為』」のところで述べたように、子どもの表現は伝達を含んだ「他者とのコミュニケーション」だけでなく、「自分とのコミュニケーション」の部分を持っています。意味づけられない線の中にも、線を描く行為に視点を置いてスクリブルを見てみると、子どもたちは自分と会話するように線を描き続けています。どこまでが表出で、どこまでが表現かという線引きはできないところがあります。描こうとする意識を持って描いた線であるかぎり、それはかけがえのないあらわしであると受け止めたいものです。

　下の作品は2歳半の子どもの絵ですが、点々を描きながら、イメージが生まれ、「はなび」といいました。花火かなと思いながら見ていると、同じ点のように見えますがそれが「おいも」になっていきました。つまり、何か具体的な形を描いたということではなく、描きながらイメージを湧き上がらせ、描きながらそのイメージを確かめているように見えます。ですから、そのイメージは、どんどん次のものへと変わっていってしまいます。

　このように、具体的な意味を持たない線であっても、描く過程の中には何らかの意識やイメージが、スクリブルのころから生まれ始めているといえます。そう考えると、これらの線の一つ一つも、やはりか

「はなび、ポテト、おへや」
（2歳半　女児）
■描く行為からイメージが生まれ、描きながらそのイメージを確かめ、また次のイメージが生まれてくる。

けがえのない彼らの営みであり、あらわしの痕跡だと見ることができます。

3　丸が閉じるころ

　2歳ごろになると、スクリブルの線は、やがて描き始めと終わりがわかるように、一本の線や丸が制御されてひけるようになります。グルグルとした渦巻状の線の中に丸が描かれるようになり、その丸は、やがて描き始めと終わりが結ばれた「閉じた丸」となっていきます。この丸が閉じるところに、絵としての大きな質の変化が生まれます。

　丸の内側と外側が、線で分けられることによって、丸は意味を持つようになります。ここにおいて、「手の働き」とそれをコントロールする「目や脳の働き」と「言葉の働き」が機能し、絵を描くことが開花していきます。なにげない丸の出現ですが、この出現は、その子の育ちの中でとても意味のある大切な変化なのです。それは、絵と言葉と思考が結びつき、その子が絵を通して世界の見方や感じ方や考え方を広げていく貴重な一歩となるからです。

　このころから、絵と言葉の関係は深いものとなっていきます。2歳ごろは、400語ほどの言葉を持っています。自分の描いた絵に知っている言葉を結びつけ、こちらから聞くとお話をしてくれます。ところが、このころは自分が描いた丸に「これはママ」といっても、それが

「てんとう虫が空を歩いてる」
（2歳児　男児）
■円スクリブルの中に閉じた丸が見え始める。描いた後、右下を指し「てんとう虫」といい、渦巻きのスクリブルのところを空に思いながら、点々をスクリブルの中に打ちだす。

第5章　描画の発達過程を問い直す　43

いつのまにか、同じ丸なのに「これはパパ」とか、ほかのものに意味が変わってしまうことがあります。それは、子どもが最初から意味をもって丸を描いているのではなく、描いた後にいろいろと意味づけをしているからであると考えられます。しかし、やがて言葉の発達とともに意味づけの質が変化していき、子どもは最初から意味を持って丸を描くようになり、丸の意味が変化するということはなくなってきます。

　下の作品は３歳児のものです。最初その子は、「まるー」といいながら元気に赤い丸を描き始め、「これは大きな靴」といって、次に「これも靴」ともう一つ丸を描き、その靴でお散歩するようにそのまわりに点々を打ちだしました。次に、緑で「カバ」といって二つ大きな丸を描き、そして、「カバ」という言葉の響きから連想しイメージを広げたのでしょう、黒い小さな丸で「サバ」を描きました。そして今度は、右端に「サバ」を茶色と黄色の線で描きました。このように最初から意味を持って描かれた丸は、後になっても意味が変わることはありません。

「クツ、カバ、サバ」（３歳児　男児）
■後から意味づけする丸から、意味づけしながら描く丸になってくる。「カバ」といって「カバ」を描き、「サバ」を描くつもりで「サバ」を描いている。

この子の描くこのわずか10分足らずの過程の中には、大人が一目見ただけでは想像できないほどのイメージの広がりと、世界の広がりと、表現の広がりがあります。黒い小さな丸の「サバ」が骨を思わせるような直線の組み合わせへと表現を変えたり、「カバ」の丸の中に口のようにもう一つ丸が加えられたり、丸から足が出てきたりと、線と丸しか描けない子が、いま持っている最大限の能力を駆使して、自分の表したいものを形にしようとしている様子が伝わってきます。このように、始めと終わりの制御された線と丸が描けるようになったことと言葉を獲得し始めたことによって、彼らの表現は工夫と創造に満ちたものへと歩み出していきます。とくに、この時期は、描きながら発する子どもの言葉に耳を傾け、絵を通して子どもと会話していくことが大切です。

4　形が図式で表れるころ

　丸は意味を持った象徴として表されるようになり、さらに、丸の内側に、線や丸が目鼻口などの象徴として描かれ、丸の外側にも線が付け加えられたり、ほかの丸が組み合わせられたりしながら、徐々にものの基本構造を示す表現が見られるようになってきます。視覚的には不合理であっても、大人にもわかる形をしたものになってきます。最もシンプルで象徴的なこのような表現は、2歳半ごろから、子どもによっては6歳前後まで見られます。

　人物では、目鼻口、手足が描かれるようになり、右の絵のような「頭足人」と呼ばれる表現が見られるようになります。このような人物表現は、どうして胴体がなくて顔から

「頭足人」（4歳児　女児）
■閉じた丸と線の組み合わせだけによって、そのものらしさを表わしている。

第5章　描画の発達過程を問い直す　45

手足が生えているのか、その説はさまざまですが、これまでの発達とのつながりから見てみると、顔の部分にからだ全体が含まれていると考えられます。まず人の全体のかたまりを表す象徴として丸が描かれ、さらに内側の小さい二つの丸は目を、真ん中の丸は鼻を、外側に伸びる線は手足をそれぞれ象徴しています。

　このように、子どもは閉じた丸と線を組み合わせることによって、身のまわりのさまざまなものを表し、表現を豊かにしていきます。ですから、この時期の絵を、「丸と線しか描けない」という見方をするのではなく、「丸と線だけでこんなにも想像力を働かせ、自分の力を駆使して世界を広げようとしている」という見方で見ていきたいものです。

　子どもたちは一つ一つのものを象徴的に表せるようになると、生活の中から興味や関心のあるものや人を思いついたままに描き並べていきます。しかし、まだものとものとの関係や空間を、画面の中に表現しようとする意識はなく、描いたものを次から次へ、あたかもカタログのように並べていく様子が見られます。こうした状況は、まだもの

「クジラとママとお兄ちゃんとパパとドキンちゃんとバイキンマン」
（3歳10ヶ月　女児）＊

とものとの関係を捉えたり、ものごとを総合して組み立てて見ていこうという力にはなっていないということです。しかし、無頓着に描いているわけではなく、画面の収まりなどを見ると、配置や構図を彼らなりに考えていることがわかります。

　子どもは4歳近くで1000語ほどの言葉を持つといわれています。子どもの絵は言葉の発達に導かれて発展していきます。とくに4歳から9歳ごろまではその傾向が強いといわれています。言葉が広がるということは、概念が広がるということであり、当然、絵の内容も豊富なものとなってきます。

　4歳ごろになると、言葉のイメージでものごとを見たり考えたりできるようになり、「何をかこうかな」と言葉でイメージを作ってから絵を描けるようになり、言葉と絵は密接な関係で発達していきます。また、豊富になっていく経験と言葉によってイメージはさらに広がり、それまで興味や関心のある単一のものや人を象徴的に描いていたことが、自分の経験や知識を土台にして生まれる考えや情感を表現したいと思うようになっていきます。つまり、一つ一つの「ものごと」を表そうとするそれまでの子どもの意識は、「ことがら」を表したいという意識へと展開していきます。

5　地表（基底線）が表れるころ

　図式による表現はますます多様化し、一層の経験の広がりによって子どもたちの表したい内容も豊かになっていきます。言葉の発達とともに、絵も「なになにの絵」から、「なになにしているところの絵」へと変化していきます。また、ものの関係や、ものを組み合せて場面や情景を表現できるようになってきます。

　このように、表したい内容が豊富になることによって、いかに画面の中にそれらの内容を秩序づけて表していくかを考えるようになってきます。そして、そのころになると絵の中に地表を示す線が表れ、空と、現実の空間と、地中とが区別された世界が出現してきます。この

地面の線を、基底線またはベースラインと呼びますが、その出現は4歳ごろから小学校低学年ごろまで見られます。この基底線が描けるようになることで、ものの位置関係を表すことができるようになり、ものだけでなく空間の関係へと意識を広げていきます。

しかし、この位置関係や空間表現は、大人の空間認識や遠近法とは違い、空間の断面図のようになっていて、前後の奥行きがありません。ですから、家の中の人やバスの中に乗っている人が透けて見えるように表現することはありますが、ものとものとの重なりを表すことはできません。そして関心のある事物は大きく描かれます。また、基底線から空の境界までが現実の空間になるため、空は現実でない、いわば天の領域となり、事物と空が交わることもありません。そして、基底線より下は地下の世界となります。そのため、いもほりのおいもが地面の中に埋まっている様子や、花の根やアリの巣が基底線の下に断面図のように描かれることがしばしばあります。

基底線の上に立っている自分を描いた子どもたちの作品を見ると、「私はここにいる」といわんばかりに、自分自身が地上に立っているということをその子が確かめているようにも見えてきます。このような空間への感じ方も、基底線の出現に関わっているように思えます。基底線の上に事物を並べることによって、彼らの意識は人やものとの関係に向き、自分の存在を人やものとの関係で捉え始めようとしています。

また、言葉との関係で見てみると、6歳ごろまでに6000語近い言葉を話せるようになるといわれています。基底線が出現する時期は、順序立てて事物との関係を捉え始めようとする時期だといえます。それは言葉の世界においても同じで、言葉の持つ意味を鮮明にすることによって、絵の内容も豊かになっていきます。

そして、人物表現も、徐々に胴体、手足を分化して描けるようになり、服を着るようになってきます。さらに、ものとものとの関係を見ていこうとするその関心は言葉や形だけでなく、色に対する意識にも

「たけのこほり」（5歳　女児）
■竹やぶの中で見つけたちいさなたけのこが、空までとどくように喜びいっぱいに描かれている。先には、ハート形の芽がついている。

「いねかりしてるの」（4歳児　男児）＊

見られます。それまでは、形の中に色を塗ることに興味を示さなかった子どもたちも、このころになると色を選び取り、ものとものとの関わりの中で、形の中に色を塗ることに興味を持ちだします。

　基底線だけでなく、この時期は、特徴のある表現が多様に見られます。下のおたまじゃくしの絵は、池でおたまじゃくしが泳いでいる絵です。池は真上から見たように閉じた丸で描かれ、それが一つの空間を作っています。水面が基底線となり、おたまじゃくしは真横から捉えられ基底線の上に、つまり水面の上に泳いでいます。このように、見る視点をさまざまに変えていきます。

　また、このころの絵の中にはしばしば自分が登場してきます。自分がでてこない場合も、自分がその場面に入り込んだように描かれています。それは、単に自分から見える世界ではなく、自分の存在する世界を描こうとしているからです。絵の世界の中に自分が登場することが喜びとなっているからです。現実と空想が入り混じり、異なった場所や時間が同居し、お話や想像の世界が、現実の世界と一緒になって描かれていきます。

「池に泳ぐおたまじゃくし」（4歳児　女児）

6 空と地平がつながるころ

　小学校低学年ごろから基底線は徐々になくなり、基底線は地平線となり、それより下が地面となっていきます。ですから、下の絵のように空と地面がつながるようになり、地面の上に人やものが描かれるようになり、天の領域であった空の部分にもものが描かれるようになります。人物の描き方も、すべて真正面だったものが、横向きや後ろ向きの表現も見られるようになります。また、色の表し方について見てみると大きな変化が見られます。これまでは線描きを中心にして線で描いていたものが、色を使い面で描くようになってきます。いわゆる、線画から彩画へと志向が変化していきます。そのため、これまでは背景は余白のままにされていましたが、背景にも好んで色が塗られるようになり、ものごとの色彩を面として表現できるようになります。

　下の「春のおともだち」の絵には、春の季節感を自分のからだで感じて、のびのびと表現している様子がうかがえます。それは、とくに色彩表現の中に見られます。絵の具と一緒になって遊び得た信頼感とでもいうべき関わり方が、自分の色を色として画面の中に表している

「春のおともだち」（小学2年生）

ように感じます。その背景には、この色彩が生まれる以前の絵の具とその子の関わり方の深さがうかがえます。絵の具を自分の身体感覚で受けとめ、春の感じを画面の中に表そうとしているように見えます。これまでの色との出会いから得た感じ方の広がりが、空や花の色と結びつき、描きながら思考するように、自分の色として表されているように見えます。

　下の「うちゅうじんにおくりもの　春の空」の絵は、お話をきっかけにして、地球から宇宙に帰ってしまう宇宙人へ春の空を贈ろうという想いを表したものです。空が地平と結びつくことによって、地面の上にさまざまな表現が工夫されていきます。この子は画面のほとんどを地面にすることによって、そこにあふれる花と花に囲まれて喜ぶ宇宙人を描き、その世界を描き出そうとしています。表情や花に満ちた地表の様子からその喜びが伝わってきます。これまでの基底線をもとにした位置関係の捉え方から、空間認識がさらに広がることによって、子どもたちの表現の工夫も広がっていきます。

「うちゅうじんにおくりもの　春の空」（小学2年生）

7　視覚的に描こうとするころ

　小学校高学年ごろになると、絵の中に自分の姿が登場することが少なくなってきます。描かれる側の自分と描く側の自分が区別され、自分から見えるものを描こうとする絵が現れてきます。この「じいちゃんのひるね」の絵は、こたつで宿題をしているときに、昼寝をしているおじいさんを見て、ノートに自分から描いたものです。しかし、見えたものを見えたように描きたいとする欲求は、すべての子どもにその傾向があるわけではありません。視覚的な世界観へ子どもの志向が向き始めるときだからこそ、逆にほかの諸感覚との関係がこの時期の子どもにとって重要となることが考えられます。

「じいちゃんのひるね」（小学4年生）

　2章で述べたように、幼児期は、幼いほど触覚の支配が強く、視覚はほかの感覚と一緒になって、全身で外の世界を捉え表現を試みていましたが、徐々に視覚は独立し、今度は見ることによってほかの感覚が支配されるようになり、視覚を中心として世界観を作るようになってきます。そのような大人の世界観への変わり目であるこのころの絵は、見る視点が一方向からの表現になり、ものとものとの重なりも生まれ、明暗や遠近の奥行きも表現されるようになってきます。

　しかし、これまでの絵と違い、見えないものは描けないこととなり、物足りなさを感じる絵となってしまいます。そのため、その物足りなさを補足するためにも、徐々に子どもたちはさまざまな表現の工夫を試みていきます。

「原爆ドーム」(小学6年生)
■自発的に描いた絵であるが、この子が表したかったことはまだ表しきれていないようにも見える。

　左の「原爆ドーム」の絵は、夏休みに広島へ旅行し夏休みの自由課題でこの子が自分から描いた作品です。自分から原爆ドームをモチーフに選んだということは、広島へ行って何かを感じ、それを表したかったのでしょう。この子は写真を見ながらその風景を描きましたが、写真とはまた違った独自の色彩でその風景は確かに再現されました。写真を見て描くというのも自分から選んだ一つの手段でしょう。しかし、その風景を再現できた充実感はあっても、この子が原爆ドームをモチーフにして本当に描き出したかったことは、表しきれていないようにも見えます。

　ローウェンフェルドは、この時期の子どもたちを、「視覚型」「触覚型」「中間型」の三つのタイプから見ようとしています。視覚型の子は、客観的、写実的で、第三者的な見方で全体を見ようとするタイプです。風景を描くと、見えるものを見えるようにていねいに描き、構想画でも、リアルな人物や風景を組み合わせることによって表現していく傾向があるといわれています。触覚型の子は、主観的で、感じたままの情緒的な表現が見られ、風景などを描くと、重要な部分を誇張して描いたり、力強い表現が見られたりするということです。構想画では、自分が主役になったようにその中にのめり込み、劇的で迫力のある画面が生まれることが多くあるといわれています。

「風と樹」（チェコ・10歳　男子）

しかし、中学校以後の教育や現代社会の文明は、著しく写実的志向を示しているように映ります。触覚型の子が劣等感を持ち、子どもの絵を理解していない大人に評価されてはいないかと危惧します。また、このような視覚的な発達段階は、近代以後の大人の社会が写実を志向し必要としている結果であるという見方もあります。

8　直線的・系統的ではない描画の発達過程
　これまで順序立てて描画の発達を見てきましたが、子どもの発達過程は、自発的に描いた絵の中では必ずしも直線的で系統立ったものではないということを多くの事例から見ることができます。
　下の絵は、4歳半の子どもの絵ですが、人物が頭足人で描かれています。では、この子は胴体をこれまでに描いたことがなく、手足がまだ未分化のままであるかというとそうではないのです。この子は、すでに半年前に、顔と胴体がつながり、胴体から手足がでている人物を自発的に描いています。この頭足人は、彼女のそのときの主観的な感情によって素直に表された表現様式だと思います。一つの絵からその

「お外で遊んだの」（4歳半　女児）＊

子の発達段階を決めつけることはできないということです。彼らの描画の発達過程は、行ったり来たりしながら、直線的に進んではいかないのです。

次のA、B二つの絵は、同じ子が8歳のときのほとんど同じ時期に描いたものです。Aの自画像は学校の授業で鏡を見ながら課題として描いたもので、Bの公園の絵はお母さんと公園へ行った後、家に帰って自発的に描いた作品です。どちらも一人の子どもが今を描いたリアルな絵であるということは間違いありませんが、自発的に生み出された絵であるかどうかは異なっています。

＜同じ子が同じ時期に描いた二つの絵＞

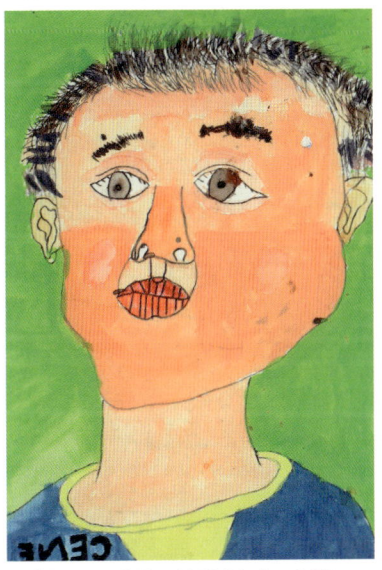

A「見つめる自分」（小学2年生　S男）＊

B「公園でグライダー飛ばしたところ」（小学2年生　S男）＊

第5章　描画の発達過程を問い直す

発達段階で見ると、自画像の方は視覚的な絵になっていて、見える
ものをそのとおりに描こうとするその子の意志を見ることができま
す。しかし、その写実的志向は大人の志向にそって表されたものです。
公園の絵の方は、空と地平がつながり、基底線は消えたものの図式的
表現の様相を残しています。「グライダーが空を飛んで嬉しかったよ。
高いところまで飛んだよ。でもお母さんは寝ていたよ」ということが
らを図式的に表現しています。つまり、彼は「視覚的」な絵が描ける
のにも関わらず、家で自発的に能動的に描きだした絵は「図式的」な
表現であるということです。これは大人の世界でも見られます。ほと
んどの大人は日常の中で自発的に絵を描くということはありません
が、その人が自発的に絵を描こうとしたときは、しばしば図式的な絵
になることを目にします。ハーバード・リードは『芸術による教育』
の中でこのような図式（シェーマ）的な性格について次のように述べ
ています。

　「もし彼等が自発的に図画的活動にふけることがあるとすれば、
その活動は常に『シェーマ』的性格のものである。児童にあって
はきわめて明瞭な、この『二重性』は、驚くほど多数の大人に継
続して残っている。こういう人達は必ずや『描けない』といって
抗弁するであろう。しかしながらもし強いて描かせられると、小
児の『シェーマ』的性格を有する図画を作る。」

　感覚的で衝動的な行為として見られる「表出」の問題からも考えて
みたいことがあります。たとえばスクリブルは幼児の表現様式と見ら
れていますが、小学生の自由画帳にもスクリブルはしばしば登場して
きます。また、展示されている作品の中にも、年齢を越えて表現と表
出が複雑に絡み合うあらわしに出会うことが多くあります。ときとし
て感覚的で衝動的なあらわしを子どもたちは試みますが、それが描く
という意志を持って試みている行為である以上、大人はそのような行

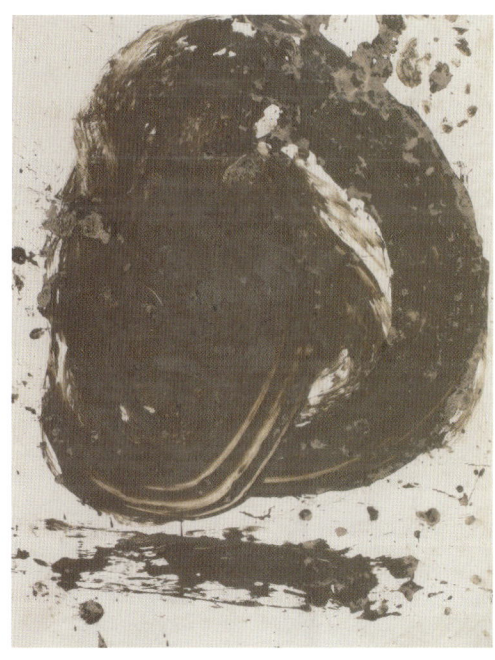

「うちゅう」
（4歳児　女児）＊

「いのちのイメージ」
（中学1年生　女子）＊

為にこそ目を向けようとする意識が必要であると考えます。

　視覚的、客観的、写実的な表現が、子どもの発達過程の頂点であるような見方がありますが、子どもはその子なりの発達過程の中で積み上げてきた様式を活かしながら、また行きつ戻りつしながら、今という瞬間の中で自分の表現を作り上げています。そのような営みは、けっして発達段階という枠組みの中では見ることはできません。

　先に見ていただいた絵は、4歳児と中学1年生の作品です。上の「うちゅう」の絵は、4歳児が泥遊びの延長で、紙に泥で描きました。下の「いのちのイメージ」は、中学1年生が墨と筆で描きました。描き始める前にどのように思考しイメージを持ったかは、中学生と幼児とでは異なるかもしれませんが、共通しているところは、描き始めてから終わるまでの過程の中にある営みです。それは、どちらも感覚的なその瞬間の身体運動にまかせて表出された「線」にあるということです。そして、表されている内容も共通したもののように見えます。これは、表現形式からではどちらが発達しているかなどということは比べられないものです。その子の「描く行為」に目を向け、その子の今のその営みを見ようとしていくことが、その子の育ちを見ていく原点だと思うのです。

第6章
想像力の豊かさを求めて

　２章においては、想像力をイメージとの関わりから「イマジネーション」と表記し述べました。しかしここでは実践に携わる者の立場から、言葉のニュアンスの問題かもしれませんが、「想像力」（Imagination（英），Einbildungskraft（独））として述べていきたいと思います。その意味は、「頭の中に思い描く能力や働き」「過去の表象を再生するもの」「新しいイメージを創造するもの」などに大別できますが、さらに教育学や哲学では、「感性と知性とを媒介して認識を成立させる能力」「直観における多様なものを結合して統一させる能力」としておよそ理解されています。

　子どもたちの豊かな創造性や感性や知性は想像力によって育まれ、想像力の豊かさがよりよい社会環境を作り社会を変えていく源になると考えます。

　本章では、その豊かさを育む営みとして「絵を描くこと」を捉え、その背景について次の二つの視点、「生活とのつながり」「出会いの豊かさ」から述べてみたいと思います。

1　絵と生活のつながりが育む想像力

　まず、描くことが、生活とどのように関わり想像することが広がっていくのかを、逗子のある幼稚園での４歳児の事例から見てみたいと思います。

　子どもの表現は、四季を通した生活と結びつき展開していきます。

この園もそのような関わりが大切にされています。右上の「おいも」の絵は、地中で育ったおいもが地上に出てくることを待ちわびていたようにその様子が描かれています。畑へいもほりに出かけた子どもたちは、ツルを引っ張り地面を掘っておいもを掘り出し、大量の収穫を得て園に帰ってきました。

　その後、おいもを食べたりツルを使って遊んだり、またいもほりの経験から綱引きのように縄を引っ張る遊びが生まれました。その遊びは「大きなかぶ」の物語と結びつき、保育室中の子どもを巻き込み「うんとこしょ、どっこいしょ」という掛け声とともに活気づき、さらに劇遊びへと展開していったのです。そこで生まれたのが中央の「劇ごっこ」の絵です。劇遊びの中で子どもたちはいろんな動物になりきり縄を引っ張りました。その楽しい様子が絵の中に表れています。

　このように、おいもを掘ったときの感動やツルを引っ張ったときの経験が表現のもととなり、生活の中で感じたことと遊びの中で想像したことが絵を描くことで統合されていく様子がうかがえます。想像することをつなげ広げていく子どもたちの力には感心させられますが、それを見守り援助する大人の視点や感性がなければこのような絵は生まれてはきません。

　右下の「十五夜」の絵には、お月様との親しみを感じます。お月様のお話や物語がもととなり、子どもたちは十五夜の日に、泥だんごや自然物で園庭にオブジェのような飾り物を作りました。その飾り物が絵の中にも登場し、動物たちがお月様へ登っていく様子が描かれています。基底線の見られるこのころの絵は、空の領域は現実の世界と違い区別されて表されますが、この絵の中では、彼らにとっての「天の世界」と自分がいる「現実の世界」とが結ばれるように描かれています。描きながら想像がふくらみ、この子の世界観が広がっていった様子がうかがえます。

　この年代からの絵が一番おもしろいという人が多くいます。ファンタジーの世界と現実の世界を行ったり来たりしながら想像をめぐらし

「おおきなおいもがほれました」
（4歳児　女児）＊

「楽しかったね、劇ごっこ」
（4歳児　女児）

「十五夜さまのおはなしから」
（4歳児　女児）

ていて、大人にも絵の内容が伝わる表現になる時期だからです。
　3歳ごろはまだ現実とファンタジーがごちゃ混ぜになっていますが、4歳ごろになってくるとその世界をつなげるように表します。5歳ごろから小学生になってくると、これはファンタジーの世界でこれは現実の世界だと、だんだんと区別するように表されるようになり、小学校高学年ごろでは、空想画を描いても、それは現実の世界とは切り離された空想の世界として表現される傾向が多く見られます。それも世界観を広げていく発達過程の一つなのでしょう。いずれにせよ、生活で体験したことがそのもととなり、過去のことを再生したり、新しいイメージを作り出したりしながら、子どもたちは頭の中に描いたことを色や形と結びつけて表していきます。
　右の絵は、伊豆諸島のある島で生活する子どもによって描かれたものです。この島の子どもたちは、海が大好きです。でも海に囲まれた生活は楽しいことばかりでなく、人間の力ではどうしようもできない自然の恐怖や偉大さも彼らはきっと知っているのでしょう。そのような感じ方もすべて含めて、彼らは海に対して慈しみを抱いているように思われます。そこには、自分と海と島とが切り離されることなく溶け合っているような一体感が表現されています。
　この絵の中央には島の形が描かれ、そこに海岸で拾ってきた貝殻やガラスの破片が宝物のように大切そうに貼られ、島を囲むように海があり、そこに開放的でいきいきとした自分が泳いでいます。とくに海は、青の上に筆の動かし方を工夫しながら、波の形や波動が白で塗られ、島の海の色を象徴するようなエメラルドグリーンが慎重に置かれています。
　普段の生活で得た海の色や波の動き、さまざまな感じ方が、描く行為の中で色や形と結びつき、この子なりの海の世界が生まれています。先に述べたように、それは思考した結果を描いているというよりも、この子は描きながら思考し、思考しながら描いています。このような海の感じ方や自然との一体感に見られる豊かな子どもの感性が描く行

「にぎやかな海」(小学2年生)

為と結びつくことによって、子どもは過去の表象をイメージとして再生し、画面の中に自分なりの新しいイメージを作り出していきます。いくら豊かな感性があっても、それを思考と結びつける営みがなければ想像力は育まれません。海で泳いだことや貝殻を拾ったこと、海の生活の中で得たさまざまな感じ方や見方が、この子の絵の中で統合されています。

2　絵を通した出会いの豊かさが育む想像力

　ある秋のころ、街路樹を歩いていると、5、6歳の女の子とお母さんが向こうから歩いてきました。その女の子が、先だけがほんの少し赤く紅葉している一枚の葉を指さして、「お母さん、葉っぱが燃えているみたい。もうすぐ秋だね」といいました。子どもは常に敏感だなと思いつつ、「この子がいま絵を描いたらどんな絵を描くのだろうか」と想像しながらその場を通り過ぎました。

　子どもの豊かな感じ方を想像的な活動へと導くのは、大人の援助によるところが大きいと考えます。

「はくさいのおなか」（4歳児）

　左の「はくさいのおなか」は先の幼稚園の実践です。園で白菜が採れたとき、先生は白菜の中がどのようになっているのかを見せてあげたいと思い、子どもたちの前で白菜を包丁で二つに切りました。すると子どもたちは、「白菜のお腹だ」「模様があるんだ」と口々に言い出しました。そのとき先生はハッとして「描いてみる？」とたずねると「かきたい」と答えたので、先生は職員室へ紙とマジックを取りに走りました。

　これは意図的というより臨機応変な対応ですが、子どもの何気ない言葉に気づいて活動を想像的なものへと広げていくというのは、このような大人の気づきや感性の問題であると思うのです。

　大人の援助のしかたが、作品を作らせようとしているのか、過程を大切にしようとしているのかによって、絵の中において発揮される子どもの想像力は随分と異なってきます。右上の「ねこのいえ」の制作過程においては、子どもがいかに豊かに想像をめぐらせたかということがはっきりとうかがえます。

　最初、自分が住んでみたい家を描き、それを切り取って画用紙に貼ったところからこの作品は生まれていきました。窓を開け、家の中の様子や一緒に住んでいる人の生活を想像しながら、物語が描かれています。自分の大好きな猫が主人公となって、描きながら物語はさらに広がり、頭の中で描かれた世界が色と形になって表されています。切り取った家の形から広がる子どもの想像力の豊かさは、自由な発想の広

「ねこのいえ」（小学1年生）

がりを保障し、想像していく過程を大切にしようとした、担任の先生の考え方によるものだと思います。

　子どもが絵を描くということは、想像力によるものであるということはいうまでもありません。では、絵の中で想像力はどのように育まれていくのか、「描く過程」に着目して考えてみたいことがあります。

　次頁の花火の絵は、色遊びから生まれてきた作品です。描くことは、画面の中で起こる色や形との出会いです。筆を動かし画面に関わることによってまた新たな出会いが生み出され、その瞬間、瞬間の出会いの連続が、豊かな営みとなっていきます。

　この花火の絵も、色遊びの中のそのような連続した出会いによって生まれた作品です。描く過程に見られる、瞬間的で、即時的で、感覚的な行為の中でその子の色や形が表出されながら、その子の経験とイメージが結びつき作品は生まれています。子どもにとって、描く過程にあるこの瞬間、瞬間の出会いの豊かさがとても重要であると考えます。なぜなら、その連続した出会いの中に新たな感じ方は生まれ、それが行為と結びつき、色と形が創造されていくわけで、その営みこそが、想像力によるものであるからです。

第6章　想像力の豊かさを求めて　67

「花火きれいだったね」（4歳児）*

　下の「春花」の絵は、東京の渋谷区にある小学6年生の作品です。自分で描きたい大きさのダンボールを選び取り、色遊びをするように手で絵の具を混ぜ合わせたり、指を使ったりしながら桜を描いたということです。
　このような描く中での瞬間的で感覚的な行為は、年齢や発達段階に関係なく大切であると考えます。逆に視覚的な表現へと向かうこの時期だからこそ、身体の深層から欲求として起こるこのような感覚的な営みが重要になるのではないでしょうか。この画面の中に見られるこ

「春花」（小学6年生）

「たのしいくにみつけた」(小学3年生)

の子の色の豊かさは、描く過程でこの子が経験した出会いの豊かさであり、想像力の豊かさだといえます。

　上の「たのしいくにみつけた」は、やはり東京の新宿区にある小学校での実践のものです。これは、子どもの生活の中にある「明／暗」「善／悪」「生／死」といったさまざまな「対(つい)」の概念に着目し実践されました。

　まずこの絵は、画面を明るい色と暗い色に塗り分けてみるところから始まりました。はじめに定まったイメージがあるのではなく、明暗に塗り分けられた画面から子どもたちは描きながら想像し、想像しながら描くことによって、感じることと想像することが一枚の画面の中で繰り返し起こっていきます。明暗の画面は昼と夜の世界へと広がり、その世界はさらに対極したものでなく、つながって融合したような世界観へと想像されています。

　この絵を指導された先生の言葉をかりれば、描くことを通して、この子は明暗という対の概念から「自分と世界を参照するように、自分の世界観を広げている」ように見えます。一つの画面の中で、明と暗を感じるところから想像を広げ、こんなにも豊かな世界を作り上げていく子どもたちの想像力を見るにつけ、描くことの意味を感じずには

第6章　想像力の豊かさを求めて　69

いられません。
　さきほどの街路樹で出会った子どもの話に戻してみたいと思います。緑の葉の先だけが燃えるように赤くなった一枚の葉を見たあの子が、もし家に帰って自分から絵を描いたとしたならば、その絵は、多くの大人が想像するように、その一枚の葉だけを見たままにそのまま描くようなものではけっしてないでしょう。感じたことから想像を広げ新たな世界を創造していく子どもの力には、はかりしれないものがあるのです。

第7章
子どもの絵をどう読み取るか

1 子どもの心を知るために

　描かれた子どもの絵には、必ず何かその中に「伝えたいこと」が秘められています。そして、子どもにはそれを「伝えたい人」がいるはずです。子どもの絵には、その子の心が表れています。子どもの伝えたい内容を、まわりの大人が深く理解し、受け止めていくことが、子どもの育ちにとって重要です。それは、その子の心の内をより理解するということにもなりますし、その子の思いや考え、さらには、その子の存在を、かけがえのないものとして受け止めていくという、大人の姿勢にもつながっているように思われます。

　「子どもの絵は、見るものでなく、読むもの」だといわれています。子どもの絵の中には、子どもの心が表れているからです。子どもの絵を理解し、読み取るということは、その子の生活の中での心の有り様を知っていく手がかりにもなっていきます。

　これまでの章で触れてきたことから、子どもの絵を読み取っていくために必要なことをまとめると、次のようになります。

- 子どもの絵は、大人の絵と違い異文化であり、それを受容し、理解しようとする見方が必要である（第3章）。
- 子どものリアリズムは、大人の写実的、客観的、視覚的なリアリズムと違い、知っているものや経験したことを描こうとするリアリズムである（第3章）。
- その子なりの表現方法を認め、かけがえのない営みとしてその行

為を理解する必要がある（第4章）。
・その子には、その子の絵の発達がある。子どもの絵の発達を理解し、断片的でなくつながりの中で、その子の絵を理解することが必要である（第5章）。

　以上のことを踏まえ、さらに具体的に子どもの絵を理解し、子どもの心を読み取るために必要な内容について、以下に述べていきたいと思います。

2　表出と表現は絡み合う

　大人が考える絵とは、イメージが先にあって、または表現したいものが先にあってそれを描くというものですが、子どもの絵は、はじめに描きたいことやイメージがあるとは限りません。とくに幼い子どもほど、先にイメージがあるのではなく、描きたいという行為が先に現れ、描いている過程でイメージが生まれ、色や形ができあがっていくということがしばしば見られます。ですので、幼児の絵は、行為を楽

「野菜屋さん」（3歳児　女児）

しんでいることと、イメージを伝えようとしていることが、絡み合っている場合があります。とくに、5章で触れたように、スクリブル期の子どもの絵は、表出といわれ、それは表現ではないとされてきましたが、現実の子どもが描いている過程を見ていると、それは間違っていることがわかります。なぜなら、「スクリブル」や「なぐりがき」といわれる絵の中にも、描く過程の中で、その子が表したいイメージが生まれ、それを表そうとしているものが見られるからです。

　左の3歳児の「野菜屋さん」の作品では、最初その子は、グルグルと円でスクリブルを描いて、次に色を変えながら点々を打っている途中に、八百屋に並べられている野菜をイメージし、色とりどりのいろんな色で点々を打ち始め、「野菜屋さん」といいました。たしかに、絵の発達は、子どもの手の発達や言葉の発達と関係がありますが、4歳児や5歳児の中でも、このように、行為からイメージが生まれてくる表現が見られます。

　下の4歳児の「じどうかんであそんだの」は、児童館で友達と遊んでいる様子を、そのときの気持ちになって行為で表そうとしています。

「じどうかんであそんだの」（4歳児　女児）

それ以後の年齢の子どもの作品の中にも、感情の発露として、描いた形の上に重ねて色が塗りたくられたり、表出と表現が入り混じって表されている絵を見かけます。芸術の世界にも、たとえば、表現主義といわれた絵画や、1950年以後の現代絵画の中では、「描く行為」そのものを意図的に表現として位置づけようとする試みが見られました。
　大切なことは、芸術家の作品であれ、子どもの絵であれ、見る側が、そこから何を感じようとしているのか、感じることができるのかということではないでしょうか。子どもの絵では、その子の心のなすがままに、表出と表現が絡み合って表されてきます。たとえそれが落書きのような線であっても、感情の発露として表出された色や形であっても、大人は、その線や形を生み出した行為一つ一つを、「子どものかけがえのない営み」として受け止め、その色や形を生み出した背景にあるその子の心に目を向け、読み取っていこうとすることが重要です。

3　生活の連続したつながりの中で読む

　子どもの作品を見るときに、大人は断片的な部分だけを見て、その作品を語ろうとしますが、その絵を読み取るためには、生活とのつながりの中で見ていくことがとても重要です。
　次の事例は、N子さんが、幼児期の絵を振り返った際の事例です。彼女の絵にはお母さんと家と太陽が頻繁に出てきます。描いた日付順にスケッチブックを読み解いていくと、さまざまな変化が見られます。Aの作品は、生活の中での様子がよく表れています。お母さんの存在の大きさや、どんなにお母さんが好きであったかが、この時期の作品からうかがえます。
　しかし、突然、お母さんが黒く塗りつぶされ、いつも赤かった太陽が、黒く塗られた絵が出てきます（Bの作品）。これは、彼女の中に何か変化があったことがうかがえます。N子さんが、幼児期を振り返ってみたとき、思いあたるできごとが一つありました。それは、お母さんが電話をしているとき、彼女は、お母さんを喜ばせよう

＜N子の1ヶ月の絵の変化＞

A「お母さん」（5歳　N子）
■家庭の様子が楽しく描かれています。

B「お母さん」（5歳　N子）
■お母さんの顔が塗りつぶされ、太陽が黒く塗られています。

C「お母さん」（5歳　N子）
■後ろ向きの怒ったお母さん。これまでに見られない無表情で不自然な表情。

D「お母さん」（5歳　N子）
■赤い太陽、ニコニコ目の太陽と雲、これまでのお母さんの表現に戻っています。

E「幼稚園で遊んだの」（5歳　N子）
■幼稚園のウサギ、いきいきと描かれた大きな太陽。ブランコで髪をなびかせ楽しそうに遊んでいる姿が描かれています。

第7章　子どもの絵をどう読み取るか　75

と、それまでお母さんが食べていたお菓子をプレゼントとして一つ持って、お母さんの電話が終わるのを傍らで待っていました。しかし、その長い電話が終わり、彼女がお菓子を渡そうとすると、お母さんはすごい形相をして、「勝手に人のものをとらないの！」と彼女を叱りました。あまりのショックでN子さんは涙も出なかったことを覚えているそうです。大人にとっては些細なことでも、その子にとっては大きなできごとであることがわかります。

　その後一時期、お母さんは彼女の絵に登場しませんが、しばらくしてから絵の中に現れたお母さんは、公園で遊んでいるのですが、後ろ向きになって描かれています（Cの作品）。この作品には、今までの彼女の作品と違って不自然なところが多く見られます。笑顔だった顔は無表情になり、色とりどりに塗られていた家は褐色の線だけで色が塗られていない家になり、今まで赤であった太陽が黄色い太陽になり、目も黄色で塗られ、自分の口が描かれていません。そのころ、彼女はよく人のものをとってお母さんに叱られていたそうです。お母さんとの関係が、この絵に表れています。

　しかし、さらにその後の作品では、太陽も雲もニコニコとした目で、果物に乗った自分とお母さんが描かれています（Dの作品）。この時期では、お母さんとの関係もよくなり、お母さんも頻繁に登場し、彼女らしい絵に戻っています。そこからはのびのびとした明るい生活がうかがえます。その後に描いた幼稚園の絵では、さらに太陽は赤く大きく表され、ブランコで髪をなびかせ楽しく遊ぶ様子が描かれています（Eの作品）。

　このように、子どもの絵は、些細な生活の変化の中で変わっていきます。一つの絵だけを取り出して、「この子はこうである」とか、「この絵はこうである」とか決めつけることは、大変に危険なことです。たとえば、Bの作品だけを見れば、この子は虐待を受けているのではないかとさえ見えてきます。しかし、それはとんでもない話で、その子の絵を見ていくには、その前後の作品を見なければわからないこと

が多くあります。その生活のつながりを知っているのは、いつも傍に寄り添い、その子の生活を知っている親や先生でしかありません。絵は、「子どもの心を覗く眼鏡である」といわれています。絵の中に現れる些細な変化に、大人が気づいていくことが、子どもの絵を読み取るためには、最も重要なことです。

4　昨日の絵と今日の絵

　N子さんの事例で見たように、子どもの絵は、一日一日で微妙に変化していくことがわかります。それが、同じ題材で、同じ題名であっても、表そうとするその内容がずいぶんと異なっている場合があります。

　次頁のAとBの絵は、前日とその日に、同じ子が、同じお花畑という題名で、自分から描いた作品です。どちらが昨日で、どちらが今日の作品なのでしょうか。

　一見すると、Aの方が基底線がはっきりと描かれ、Bの方は概念的で幼く見え、発達から見るとBの方が早い時期に描かれたようにも見えますが、裏に書かれた日付を見てみると、一日違いでAが先に描かれたものであることがわかります。

　Aの絵は、お母さんとお花畑に行き、花を見つけ、その畑で泥んこになって遊び、家に帰ってきてから描いた作品です。真ん中の花が自分であるかのように、のびのびと大きく、花たちと戯れるように描かれています。基底線は真っ直ぐでなく、複雑に入り組んでいて、畑で土にまみれて遊んだ体験がうかがえます。つまり、この絵は、彼女が生活で体験した実感を伝えようとしている生活の絵であるといえます。その一日後に描かれたBの作品は、生活の実感を表そうとしたというより、お花畑の体験をもとにしてウサギを自分に擬人化し、概念的に花やウサギを構成し、花と戯れるファンタジーな自分のイメージの世界を構想し表そうとした作品です。

　そう見ると、これらの作品を見て、どちらの作品がよくて、どちら

A「冬のお花畑」(4歳 M子)*

■どちらが昨日で、どちらが今日の絵なのでしょうか。同じ花畑の絵なのに、それぞれ何を描こうとしているのでしょうか。

B「冬のお花畑」(4歳 M子)*

の作品が未熟であるということはいえません。それぞれに、描こうとしている内容が違っているからです。Aは生活の中で出会ったできごとや豊かな経験が描かれた作品であり、Bは経験をもとに自分のイメージを構想的に表現しようとしたもので、どちらも意味を持った絵であるということがいえます。

このように、同じ子どもの絵であっても、生活のつながりや、描きたい主題や内容によっても絵は一日で異なってきます。この子の絵はこうであると決めつけないで、その子の日々の変化の中で、その子の

作品を見ていくと、またその子のさまざまな発達や考え方、感じ方を絵の中から発見することができます。

5 ファンタジーと現実を読む

下の絵は、川原に行って遊び、家に帰ってきてから描いた作品です。船の上には笑顔の自分が乗っていて楽しそうな絵なのに、なぜ山も雲も黒く塗られているのでしょうか。

最初、彼は、川で妹と船に乗ったところや、川にいた鵜を描き、楽しかった川原でのできごとを描いていたのですが、それがいつの間にか、鬼ヶ島へ鬼を退治しに行く絵へと変わっていきました。緑の山は黒く恐怖の山に塗られ、晴天だった空は黒い雲に変わっていきました。これは、自分が川原で経験したことと、前日に絵本で読んだ物語が、描いている中で一緒になり、現実と物語が混じってしまった絵です。

これはごっこ遊びの中でも見られることなのですが、3歳ごろでは、現実の世界とファンタジーの世界が一緒になってしまい、4歳ごろになると、その二つの世界を行ったり来たりしながら遊ぶ様子が見られ

「川でお船に乗ったよ」*
■晴天の日の楽しい川遊びだったのに、どうして山も雲も黒く塗られているのでしょうか？

第7章 子どもの絵をどう読み取るか 79

ます。ごっこ遊びとしては最もイメージが広がり、楽しく展開していく時期でもあります。5歳ごろからは、現実の世界とファンタジーの世界を、自分で認識しつつも、その世界を行き来し遊ぶ様子が見られます。小学校の中学年ごろになると、現実の世界は現実として、ファンタジーの世界はファンタジーの世界として受け止めるようになってきます。

　絵の世界も同様に、子どもの絵は、生活の絵を描いていても、そこに空想の世界が現れてきたり、その逆に、空想の絵を描いていても、そこに、現実の生活が描かれたりと、一枚の絵の中で、現実とファンタジーの世界を行ったり来たりすることがよく見られます。ですから、「どうして、晴れていたのにお空が黒いの」とか、「お山は緑だったでしょ」とアドバイスしたくなりますが、そうではなくて、この子は、お母さんが読んでくれた絵本からイメージを広げ、生活の中で体験したこととイメージをつなぎあわせ、豊かな発想の中で絵を描いているわけですから、そこに共感し、そのイメージの広がりの豊かさに気づいてあげれば、もっとその子は、この絵に対する満足感を深め、描いたことの喜びを実感していくはずです。そして、この絵について、きっともっと自分からお話をしてくれるはずです。

　右の絵は、節分のころ、幼稚園で描かれた作品です。豆まきをして鬼の絵を描くというのはよくあることですが、この子の作品は、ほかの子の絵とずいぶんと異なって、鬼が大きく表されています。その大きさは、太陽のある空までとどくように描かれていることからもうかがえます。そしてこの絵の中では、鬼がアミでちょうちょを捕まえようとしていて、太陽も雲もヘリコプターに乗っている人もみんなが鬼に「あっかんべー」をしています。

　ほかの多くの子は、節分の鬼を描いているのに、なぜこの子は、こんなにも大きな鬼をこのような内容で描いたのでしょうか。それは、生活の中に必ず何かヒントがあるはずです。この子のお母さんから、なるほどと思える興味深い話をうかがうことができました。それは、

「大きな鬼」*
■節分の鬼がどうしてこのようになったのでしょうか。この子の生活経験が隠されていました。

第7章　子どもの絵をどう読み取るか　81

「せつぶん」
■多くの子に見られる節分の鬼の様子。

次のようなことでした。

　幼稚園から帰ってくると、いつも、この子はお母さんと二人で車に乗ってスーパーマーケットへ買い物に出かけていたそうです。ところが、ある日から、ある場所へ来ると、後部座席に座っていたその子は、車の座席と座席の間に身をすくめて顔を隠してしまい、そして、車がその場所を通り過ぎると、また何事もなかったように前を向いて座り直すということがあったそうです。そして次の日も、その次の日もそれは続いていたそうです。

　お母さんは不思議に思って、子どもが身をすくめたときに、運転しながらまわりを見渡してみると、その道端にはなんと「交通安全」と書かれた、棍棒を持って仁王立ちした３ｍはありそうな大きな鬼がたてられていたそうです。それがその子にとって大変怖かったのでしょう。そんなとき、その子が幼稚園へ行くと「今日は節分です」と、動きのあるリアルな鬼が幼稚園の豆まきに現れたのです。その子にとっては、さぞかし招かざる客だったことでしょう。

　それなのに「今日は節分です。皆さん鬼の絵を描きましょう」といわれれば、たまったものではなかったはずです。この大きな鬼の絵を描いた理由は、このような生活体験とのつながりの中から生まれたものであったことがわかりました。

　この絵は空想画ではありますが、この子にとっては、生活とのつながりに切実に結びついた生活体験が根拠になっている絵であるということがいえます。たしかによく見てみると、自分の大好きなちょうちょや虫を鬼が捕まえようとしていて、それと戦う自分が描かれています。交通安全の鬼は、彼にとってはとてつもなく大きな存在であることがうかがえます。だから、赤色で敵意を持っているように激しく塗りつ

ぶされています。
　この鬼は、たしかに節分のリアルな鬼の登場との関わりの中で生まれてきた絵ではあるのですが、この子はけっして「節分の鬼」を描きたかったわけではなく、自分が知っている「とてつもなく大きくて怖い鬼」を描きたかったのです。そう見ると、この絵は、伝えたいことが適切に表現できている絵であるということがいえます。このポイントをおさえないでこの絵を褒めてあげても、その言葉は、その子には響きません。つまり、子どもの絵を読み取りその絵に共感してあげるためには、何がうまく描かれているかということよりも、最もその子が「伝えたいこと」を読み取ってあげることが大切です。

6　場所が動く、時間が動く、視点が動く

　幼児期の絵は、描いている中で、時間や場所や主題が変化していくことがよく見られます。
　次頁の3歳の子どもの作品は、動物園へ行ったときの絵ですが、檻の向こうに自分がいて、お弁当や幼稚園のダンゴムシが描かれています。この時期の絵は、広告のカタログのように、経験したことや知っていることを並べて象徴的に描くことに特徴が見られます。最初は、檻の中にいたライオンを描いています。右下の赤や黄色で丸く塗りつぶされたものがライオンです。見たときの怖さを表そうとしていることが色の重ね具合やクレヨンの動きからわかります。その檻の向こうに人が重なり、その中に自分がいてライオンを見ています。左上に描かれているのは、唐揚げやサラダなどその動物園で食べたお弁当です。その次に彼女は、左下に湯たんぽのようなものを描きだしました。これは、この子がよく描くダンゴムシであることがわかります。
　しかし、動物園ではダンゴムシとは出会わなかったはずですが、どうして彼女はダンゴムシを描いたのでしょうか。それは、彼女のイメージが、動物園から幼稚園へと広がり、いつも触って見ているダンゴムシやカタツムリへと描きたいイメージが変化していったからです。

右下の5歳児の絵は、消防自動車のまわりが黒く塗りつぶされ、運転手はすごい形相をしていて、闇夜を走っているように見えます。しかし、太陽もあって昼間の絵のようにも見えます。これは夜の絵でしょうか、それとも昼間の絵でしょうか。

　この絵の中には、彼のいくつもの経験が重なっていました。彼は、夜に走っている消防自動車を見たことはありません。しかし、彼の家は、消防署の近くにあって、夜中にサイレンを鳴らして走っていく消防自動車の音を何度か聞いています。この絵を描いた日の夜中にも、大きな火事があり、何台もの消防自動車がサイレンを鳴らして走っていくのを、布団の中で聞いていたということです。そして、幼稚園の防災訓練で消防自動車に乗ったことの感動や、大好きな絵本でいつも見ていることが一つになり、彼の「消防自動車」ができあがりました。ですから、そこに太陽が描かれていても、彼にとっては何の不自然さもないのです。なぜなら、彼が描こうとしていた消防自動車は、実際に昼間に見たものであり、防災訓練で乗ったものであり、夜中にサイ

「動物園へ行ったの」（3歳　女児）＊
■ライオンを遠くから見る自分。しかしなぜ動物園の絵に、お弁当や、幼稚園のダンゴムシやカタツムリが描かれているのでしょうか？

レンを鳴らして走っていったものであり、絵本で見たものであり、彼が知っていること経験したことのすべてであるからです。

　このように、彼らの絵には、異なった時間や空間が同居することがしばしば見られます。4章で見た「園庭の思い出」の作品には、夏のカブトムシの体験や冬の凧揚げの体験が、一枚の絵の中に描かれていました。絵を客観的に写実的に捉えようとする大人にとっては、そのようなことはありえないように見えてしまうのですが、知っていることを描こうとする子どもたちにとっては、それはけっして不自然なことではないのです。

　子どもの絵が、大人のように空間認識や遠近法によって描かれるようになるのは、小学校中学年ごろからです。それ以前の絵では、基底線といわれる地面の線の上に位置関係を捉え、図式的に表現されていきます。そして、この時期の絵では、見る視点をさまざまな角度から捉え表現するという特長が見られます。

　次の絵は、友達と砂場で遊んだ様子を、上からと、横から捉え表現

「消防自動車」（5歳　男児）＊
■この絵は夜の絵でしょうか？　昼の絵でしょうか？

しています。基底線の上に、自分たちと砂山の関係を捉え、上から砂山に3人がそれぞれ手を伸ばし、中央に、穴を掘り、湖を作っている様子を捉えています。一見、何の絵か理解しにくいのですが、視点を変えて見ようとしているということを理解すれば、その内容を読み取ることが安易になってきます。

　その下の絵も、一見、何が描かれているのか、どちらが上でどちらが下なのかわかりにくい構図です。しかし、視点を変えて表現していることを踏まえて見てみると、上と下が対照的に描かれ、本人が移動しながら描いたことがうかがえます。この子は、卓球をした経験をもとに、ラケットでピンポン球を打つように、紙を卓球台に見立て、紙の上下に移動しながら、少し描いては、位置を変え、描いては位置を

左：「砂場で遊んだの」（4歳）＊
■砂場で遊んでいるところが、視点を変えて描かれています。

右：「卓球」＊
■自分が卓球をするように、紙の手前と反対側を行き来しながら、描かれています。

変え、卓球をしている様子を表しました。
　写実的なものの見方で絵を理解しようとする大人は、絵は一つの視点からできていると思い込んで見てしまいがちですが、たとえば、ピカソたちがキュービズムといわれる画法の中で、多視点から事物を捉えたように、美術の世界でもさまざまな捉え方が自由にあるのです。子どもたちも、自分が一番に表しやすい方法で、その子なりに、自由にものごとを捉え、表現しようと試みます。このような表現を認め、評価していくことも大切であると思われます。

7　現実の領域と神の領域、透けて見える世界

　次の絵は、海で釣りをしているところの絵です。「できたよ」と最初にお父さんのところへ持ってきたとき、その絵は、まだ背景が白いままでした。お父さんは、「後ろが真っ白じゃないか。塗ってごらん」といい、余白にきっとあの日は晴れていたので、空色を塗るだろうと予測していました。「わかった」といってその子はまた塗り始め、「できたよ」といって、またお父さんのところへ持ってきました。しかし、そこに塗られていた色は、空色ではなくて、黄土色が背景の全面に塗られ、人の上にもその色が重ねられていました。空を空色に塗ってくるだろうと思っていたお父さんは、空が黄土色で、しかも人物までもその色で塗りつぶされているその絵を見ておどろき、なんといっていいのかわからなくなったそうです。
　先の発達過程の章でも述べたように、基底線という地面を表す線が表れたときの絵は、世界が、地面より下の地の世界と、空（天）の世界、そしてそこにはさまれた現実の世界に分けられて描かれます。ですから、空の線より上と、基底線より下は、彼らにとっては現実の世界ではなく、いわば、神の領域となるわけです。子どもがよく背景を余白のままにして完成したといっていると、地面の後ろは空ではないかと思い込んでいる大人は、そこに空色を塗らせようとしますが、それは、そもそも理不尽なことです。そのような場合は、たとえ大人に

「空色を塗ったら」といわれて背景に子どもが空色を塗ったとしても、その境界はけっして人物や事物と交わることはなく、人や事物との間に隙間をあけて空を描きます。

つまり、神の領域と現実の領域の境界線を、彼らは持っているのです。先の例では、お父さんに余白を塗るようにいわれた子どもは、そこは現実の世界であるので、空ではなく、砂浜の砂の色を塗ったわけで、お父さんにとっては不自然に感じたその色も、その子にとっては必然性のある色だったのです。

また、もう一つ見落としていけないことは、なぜ黄土色でその子は人物までも塗りつぶしてしまったのかということです。それは、この子には、人物がそこにいても、その向こうにある砂浜は透き通って見えているからです。この絵をさらによく見てみると、海の中の生き物たちも透き通って見えるように描かれています。

また、右の絵は、お父さんと飛行場へ飛行機を見に行ったときのことを描いた作品です。頭上を、大きな音をたて飛行機が離着陸していく様子を描きました。神の領域である空まで飛行機の翼が描かれ、見

「海へ行ったの」（5歳　S君）＊
■最初、この絵の背景は真っ白でした。お父さんは空だろうと思い「後ろも塗ったら」というと、この子は空色でなく黄土色で、人物までも塗りつぶしてしまいました。

たときに感じた大きさがうかがえます。しかし、よく見てみると、機体の右端の部分が非常に不自然に描かれています。これは、機体の操縦席と、機長の横顔を描いたものです。けっして、外から機内が見えるはずはありませんが、本で見た操縦席の様子を思い出し、彼は見えるように、そこに描きました。

　このように、図式期の子どもたちは、見えないものも、しばしば透き通って見えるように描くことがあります。これは、透視図法、レントゲン図法と呼ばれるものです。たとえば、Ｔシャツにイチゴの絵が描かれていたとき、それは、「イチゴのＴシャツ」ではなくて、「食べて体の中にあるイチゴ」が描かれているというときがあります。それは、子どもたちが、「見えたもの」を描こうとするのではなく、「知っていること」を描こうとするからです。同じように、バスの車体にバスに乗っている人が描かれていたり、家の壁面にご飯を食べる家族が描かれていたりと、さまざまにその表現は見られます。しかし、それは彼らにとっては不自然なことではないのです。この表現は、小学生ごろになって、写実的な絵画へと移行していく中で見られなくなっていきます。

「お父さんと飛行機を見に行った」（5歳　男児）＊
■パイロットの横顔と操縦席が描かれています。

8　色や形でその子のすべてを決めつけない

　先の「N子の絵の変化」の事例でも見たように、たとえば黒い太陽と黒く塗りつぶされたお母さんの絵だけを見れば、その子は虐待を受けているのではないかとさえ思えてきます。たしかに被虐待児の子どもの絵は、家が黒く塗りつぶされていたり、色とりどりの花や事物までもが黒く塗られるという事例があります。多くの本の中にも、子どもが描いた色や形において、その子の性格や心の有り様を見ようとする内容が見られます。しかし、それらを読む側が、血液型占いや星座占いと同じように、一つの絵から断片的にその子の性格や心の有り様を決めつけていくようなことが、けっしてあってはいけないと思うのです。

　もちろん、これまでの子どもの描画に関わる統計研究が、今の子どもたちを理解していく上での大きな基盤となっていることはいうまでもありません。しかし、統計はあくまでも統計であって、一つの傾向でしかないのです。色や形は、心を覗くきっかけでしかないのです。生活とのつながりの中で、その背景と照らし合わせて見ていくものであってほしいと願います。

■使われている色や形、ストロークなどは子どもの心を覗くきっかけとなります。また、それを今日では、子どもの精神衛生に役立てるという役割が生まれています。

第8章
子どもの育ちを歪める大人の言動

1　絵を描くことが嫌いになるとき

　子どもが楽しそうに絵を描いている姿を見ていると、描くことは「生きる喜び」であり、私たちの本能ではないだろうかとしばしば感じることがあります。しかし、統計を見てみると、学校教育を終えた人の多くは、絵を描くことが嫌いであるという数字がでています。子どもを育てる手段として絵はあるはずなのに、これは教育や大人の考え方の中に、どこか歪んだものがあるからではないでしょうか。

　18〜25歳までの男女355名を対象に2003年に試みたアンケート結果では、「絵を描くことが好きですか」の質問に、「嫌い」と「今は好きだけど嫌いになったことがある」と答えた人を合わせると47％という結果がでています。これはまだ少ないほうで、ほかの調査では70％以上が「嫌いである」という結果がでています。将来、保育者や教員となる養成大学の学生を対象にした調査においても、同様の数字がでています。

　どの時期に嫌いになったかを調べてみると、「嫌い」と「嫌いになったことがある」の両方とも、小学生までの時期に60％以上が嫌いになっていることがわかります。割合でみると小学校中学年から中学生にかけてが一番多いわけですが、幼児期にも1割弱の人がいます。その理由は、子ども自体に要因があるというより、その責任は大人の言動や、大人の絵に対する見方や考え方に問題があるように思えます。

　では、「絵を描くこと」と「絵を見ること」を比較した場合はどう

でしょうか。絵を描くことが嫌いな人でも、87%の人が「見るのは好き」と答えています。描くことが好きな人では、90%ちかくが「両方好き」と答えています。つまり、絵が嫌いだという場合、見ることよりも描くことにその理由があることがわかります。

では、具体的に、子どもはどのような場面や大人の言動によって、絵を描くことが嫌いになっていくのか、さきほどのアンケートの中で「嫌い」と答えた人への聞き取り調査から見てみたいと思います。

　＜絵を描くことが嫌いになった理由と時期＞（一部抜粋）
・私の隣で描いている友達に「上手に描けているね」と誉めているのに、先生は、私に対しては「もっとここをこうしたほうがいいよ」と注文をつけてくるだけだった（幼児期）。
・比べられて自分の絵が劣っていたら、自分も否定されているみたいで悲しくなった。比べられることがなければ好き（小学校低学年）。
・強制的に描かされて余計嫌いになった（小学校低学年）。
・思い描いた絵と、実際に描いた絵のギャップが激しくて自分は下手だと思った（小学校中学年）。
・それまでは、上手や下手に関わらず好きだったが、自分が上手じゃないと自覚し始め嫌いになった（小学校中学年）。
・絵というものが評価される対象であると感じてしまった（小学校高学年）。
・楽しんで描くことよりも、技術を要求されるようになった（小学校高学年）。
・まわりの人の絵を見ていろいろと考えちゃってから苦手になってしまった。形のあるものを描くのが苦手になってしまったから（小学校高学年）。
・「こういうふうに描きなさい」とか先生にいわれて、自分の描きたいような絵が描けなかった。自分の絵より先生の絵みたいに

思った（中学生）。
・自分が気に入っていても通知表の点数が悪かったり、成績がよくなかったから（中学生）。

　これらの理由を読んでみると、「子どもたちは何のために絵を描いているのだろうか」、という疑問がでてきます。
　嫌いになった理由は、年齢によって微妙に異なっていますが、低年齢ほど、大人の言葉や態度によって傷つくことが大きいことがわかります。それは技術的な問題よりも、「自分を受容してくれていない」とか「認めてくれていない」というように、絵が否定されることによって「自分の存在までが否定されている」ように受け取ってしまっているからではないでしょうか。
　そして、小学校中学年以降から中学生にかけては、うまく描けないといった技術的なことや、「比較」や「評価」という、他人の価値観との関わりが大きくなってくることがわかります。また、描くことが嫌いである子の聞き取り調査の内容を見てみると、「楽しく自分から描いている絵」が、いつの時期からか、「描かされている絵」に変わっていくことがうかがえます。

2　社会に潜む結果主義・効率主義

　どうして多くの子どもが、絵を描くことを嫌いになってしまうのか、その理由を分析していくと、社会や教育にある理不尽なことや、大人の間違った考え方が見えてきます。これは、「子どもの絵を大人はどう捉えるか」という問題だけでなく、「子どもをどのように見ようとしているのか」「子どもをどのように育てようとしているのか」という、社会全体の価値観や教育観に関わる問題にまでつながるのではないかと思われます。
　先のアンケートからもわかるように、いかに大人の言動が、その子の意欲をなくさせていたり、描くこと自体を奪っていたりするのかと

いうことが見えてきます。

　子どもは、作家や絵描きになるために絵を描いているわけではなく、大人も、絵を通して見方や感じ方、考え方を広げ、豊かな生き方をしていってほしいと願っているはずなのですが、結果主義や効率主義にまどわされて、大人が子どもに要求することが結果として、絵を嫌いにさせてしまったり、描かなくさせてしまったりしているのです。

　これは、その子どもの可能性を摘んでしまったり、一つの生きる喜びを奪ってしまったり、その子の豊かな人生へのマイナスな働きかけになってしまっているということに気づく必要があります。

　まわりの大人だけでなく、教育のシステムや有り様にもその原因はあるように思われます。しばしば小学校の研究授業というものに参加させていただくのですが、ある授業の後に校長先生がその授業者に、「今日の一時間で子どもたちはどんな力をつけたのか、何がマルで、何がバツなのか」と聞かれたそうです。図工や美術の一時間の授業でどんな力がついたのか、などということは正直とても難しい問題です。図工や美術で本当につけたい力というのは、これから何年後、いつ現れるのかもわからない、将来活かされる力であって、子どもたちが絵を描く過程で絶え間なく拓かれていく豊かな出会いの連続によって、その力はつけられていくのです。

　たとえば、筆の使い方がわかったとか、色の混ぜ方がわかったとか、技術や方法の習得がその力であれば、その一

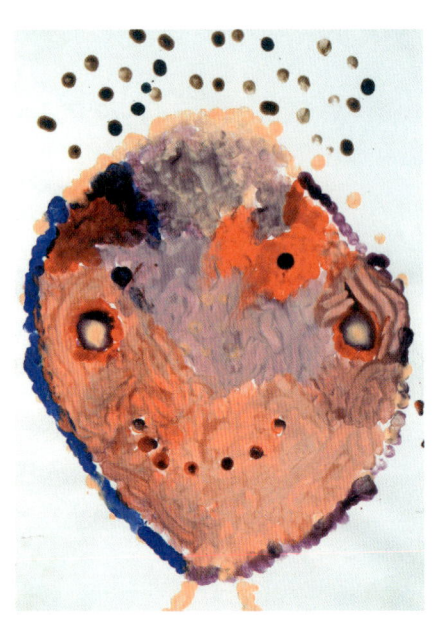

「ひと」（チェコ・7歳）
■この子は、既成の概念にとらわれずに描いている。

94

「夜の街」(小学6年生)

時間でそれは答えが出せるでしょう。しかし、絵を通して子どもたちに身につけてほしいことは、もっと彼らのこれからの人生や生き方に関わる、感じ方や考え方、感性や創造性、主体性に関わる問題であって、むしろ一時間の授業でどうこう判断できないところに大きなねらいがあるはずです。

　しかし、現在の教育現場や社会の中では、図工や美術の特徴がなかなか理解されていないというのが現状です。そういう状況の中で、図工や美術というものを真摯に考え実践されている先生ほど、そういう苦悩を抱えているという状況を、まわりの人たちも理解していく必要があると思います。そしてさらに、小学校ばかりでなく、この状況が、幼児教育の中でも見られるということはとても深刻な問題です。

　具体的に、どのような大人の言動が、子どもの可能性を摘み取り、生き方までも歪めてしまう可能性があるのか、そして、どのような言動が望ましいのか、事例から見てみたいと思います。

3　だれのための絵であるのか

　母の日が近づくと、よくお母さんの顔を描かせます。クラスの中に、一人か二人は、顔を肌色でなく緑色で塗ったり、黒で塗りつぶしたり、何も描けなかったりするという話を聞きます。そのようなとき、たとえば、子どもが緑色で顔を塗ろうとしていると、先生がその子の持っている緑色のクレヨンを「お母さんの顔は肌色よ」と、肌色に持ち替えさせるということも、現実にあるということです。

　なぜ、すべてのお母さんの顔が、化粧品のファンデーションのような同じ肌色で塗られなければならないのでしょうか。緑で塗りたい子にはその子なりの心の理由があるはずですし、輪郭線の中を無理に塗りこまなくそのままにしておきたい子もいるはずです。これは、勝手な先生の思い込みを、子どもへ押しつけているにすぎません。家に持ち帰ったときにお母さんが悲しむとか、作品を貼り出したときにほか

「おかあさん」（チェコ・7歳　女子）

のクラスの子と比較されるとか、みばえやできばえのよい作品を作らせることが目的になってしまっているからではないでしょうか。しかし、これは先生だけでなく、そういう絵を要求している親の側にも問題があるように思います。

　これは、子どもにとってはとても理不尽なことです。肌色のクレヨンを持たせる前に、なぜお母さんの顔を黒く塗ってしまうのか、お母さんの顔をなぜ描かないのか、その子なりの生活や母親との関わり、これまでの育ちの中に何かあるかもしれな

「アンデルセンの物語から」（デンマーク・5歳）

いことを、母親と一緒に探ってみることのほうが大切であり、無理に先生の描かせたいように描かせても、それは、子どもにとっても親にとっても何も得るものはないはずです。そして、それ以前に重要なことは、果たしてそのとき、子どもが母親の顔を描くことに必然性があったかどうかということです。母の日だからお母さんを描くというのではなく、お母さんを描きたくなるからお母さんを描くわけです。

　ある先生の保育を拝見したとき、その先生が「みんなのお母さんってどんな顔してるの？」「だっこされたときどうだった？」「どんな匂いがした？」「お母さんの手って触ったことある？」とたずねていくと、子どもたちはどんどん答えていき、五感を通してお母さんのイメージをいっぱいに膨らませていきました。「明日は母の日だよ。どんな日か知ってる？　そう、お母さんにありがとうをいう日なんだって、お母さん描いてみる？」と、クレヨンと画用紙を用意すると、子どもたちは「かくかく」と描き始めました。

　そこに出てくるお母さんの絵は、顔や表情だけでなく、お母さんと

第8章　子どもの育ちを歪める大人の言動　97

一緒にしたことや、楽しかったこと、お母さんの好きなことややっていること、お母さんについて知っているすべてのことを描こうとしている様子がうかがえました。そして、それらはすべてがそれぞれに異なった絵となっていました。もし、履歴書の写真を拡大したような、肌色に塗りつぶされた同じようなお母さんの絵が、何十枚も壁に貼られているとするならば、それはいってみれば、大人の勝手な押しつけであり、だれのための絵であるのかと問いたくなります。

4 「上手」という言葉でしか評価できない大人

　先のアンケートの、絵を描くことが嫌いになった理由の聞き取り調査の中で、次のような回答がありました。
　幼稚園のときに、「私の隣で描いている友達に、『上手に描けているね』と誉めているのに、先生は、私に対しては『もっとここをこうしたほうがいいよ』と、注文をつけてくるだけだった」。先生はその子に直接に下手だとはいってはいないのですが、子どもなりに下手だと評価されていることを感じ取り、そのような些細なことでも、その子にとっては、その言葉が人生の中で絵を描くことと決別していく大きな要因となっていることがうかがえます。
　別のものでは、小学校のときに、「比べられて自分の絵が劣っていたら、自分も否定されているみたいで悲しくなった。比べられることがなければ好き」というものがありました。直接に「下手だね」と評価する大人はいないと思いますが、私たちが、安易に「上手ね」「うまく描けたね」としばしば口にしているこの言葉には注意を払う必要があるように思います。なぜなら、「上手」と評価することは、その対比したところにある「下手」という評価を植えつけているからです。問題なのは、その観点でしか評価できない大人の見方や言葉です。「そんな観点でしか私の存在を認めていないのか」ということを、子どもは見抜いてしまっているのです。もっと、子どもの絵を、その子の営みそれ自体を評価する言葉はいかようにもあるはずです。そして大人

の「上手、下手」に支配された価値観は、子ども同士の世界でも反映されてしまいます。

　次の事例は、5歳児のお絵かきで出会った事例です。私は、この事例を通し、子どもたちから教えられたような思いになりました。
　子どもたちが園庭に出て絵を描いているとき、二人の女の子が並んで梅の木を描いていました。前日、その梅の木になっている梅を、クラスのみんなで収穫し、その梅で梅ジュースを作るために、大きなビンに入れて仕込んでいました。子どもたちは、ジュースができるのを楽しみにしていました。その梅の木の前で、AちゃんとBちゃんが並んで絵を描いていたのです。
　Aちゃんは、梅の木と梅ジュースを仕込んだビンを大きくのびのびと描いていました。Bちゃんは、一見何が描かれているのかわかりにくいのですが、小さな梅の木とビン、それから七色の虹のような線や雲などを描いていました。すると、多くの子がAちゃんの絵を見て「わあ、うまい」といって寄ってきました。そして次に、Bちゃんの作品を見て、「Bちゃん、へた」と一人の子がいいました。集まってきた子どもたちも、次々にAちゃんと比べながら「へた」と言い出しました。Bちゃんは泣きそうな顔になりました。すると、Aちゃんは立ち上がって、「Bちゃんはへたなんかじゃない！」と、まわりにいる子どもたちに訴えました。
　Aちゃんは、Bちゃんの絵が、「上手か下手か」などというより、その絵に込められたBちゃんの思いや、何をBちゃんが描きたかったのかを理解していたのでしょう。
　Aちゃんの言葉を代弁するならば、「Bちゃんは下手なんかじゃない。Bちゃんの絵には、昨日作った梅ジュースのビンから、虹色の香りが飛び出して、お空の橋を渡り、お空に広がっていく様子が描かれているの。私たちが梅のジュースができるのを楽しみに待っている気持ちと同じようにね。そんな気持ちが、この絵には込められているの。

私には、その表したい気持ちが伝わってくるわ」といいたかったのだと思います。
　その様子を感じ取った先生は、部屋に戻ったときに、一人一人の作品を眺めながら、「Aちゃんは、梅をもいだときのAちゃんみたいに、元気いっぱいに、大きくお空に向かって伸びていくように、梅の木が気持ちよく描けているね。梅ジュースのビンも、その木と同じくらい、早くみんなで飲みたいようっていう気持ちが伝わってくるように、ていねいに大きく描けているね」。「Bちゃんの絵は、ほら、見てごらん、ビンから虹のような七色の道が一本一本お空へ広がっていっているよ。とってもきれいだなあ。いい匂いがしそうだね。美味しそうだね。ジュースができるのが楽しみだね。ワクワクしているBちゃんの気持ちが、先生に伝わってくるよ。すてきだなあ」と、このようにすべての子どもたちの作品を評価していきました。子どもたちも、納得して先生の言葉を聞いていました。
　こうしてみると、大人が子どもの絵を褒めるときによく使う、「上手に描けたね」という言葉にある、感性の乏しさを感じざるにはいられません。いかに具体的に、子どもが描きたかった内容や伝えたい内容を読み取り、受け止めてあげることが大切であるかがわかります。「上手」でしか評価できない大人の貧しい感性が、「豊かに生きようとする子どもの生き方や可能性を摘み取っている」といっても、過言ではないでしょう。

5　写実的、客観的、視覚的な価値観に支配された大人

　先に述べたように、絵が嫌いになる一番多い理由は、「下手だから」という、つまり、絵というものが「上手、下手という見方や価値観」に支配されてしまっているということです。
　上手、下手という評価は、「正しいか間違いか」「○か×か」という、二つの対比することを比較して判断しようとする見方で、それは、答えをさまざまに求めようとする考え方（多答主義）ではなくて、

一つの答えを求めようとする見方（一答主義）につながります。絵というものまでが、これまでの教育の中や子どもたちのまわりで、そのように取り扱われてきたことがうかがえます。

　そしてこの場合、上手というのは何を価値として上手なか、その内容が問題になります。多くの場合、それは「見たものを見えたように描けている」という、いわゆる写実性や客観性によるところが多いように思われます。これは子どもの発達過程とも大きく関わるところであり、写実性への志向は、小学校中学年から中学生にかけて、絵が嫌いになる子どもが多くなることとも関わるといわれています。しかし、それは、単に発達の問題で片付けられることではなく、今日の社会が持っているさまざまな状況、たとえば、視覚や写実的な思考に支配された環境、からだとモノが切り離され二元化してしまった生活、情報化や科学文明によって客観性が要請される社会状況など、写実性への志向は、こういった文明や環境との関わりにもあるように思えます。

　再び、ハーバード・リードの考えを引用すれば、子どもはそもそも成長するに従って写実的になるというのではなくて、社会や文化的背景が写実を志向し必要とするから写実的になるのであって、子どもの絵は本来、「視覚的写実主義の法則によって決定されるのでなくして内部の主観的感情あるいは感覚の圧力によって決定される」ものであるのではないかとしています。

「雨と人」（チェコ・7歳）

「海」(小学4年生)

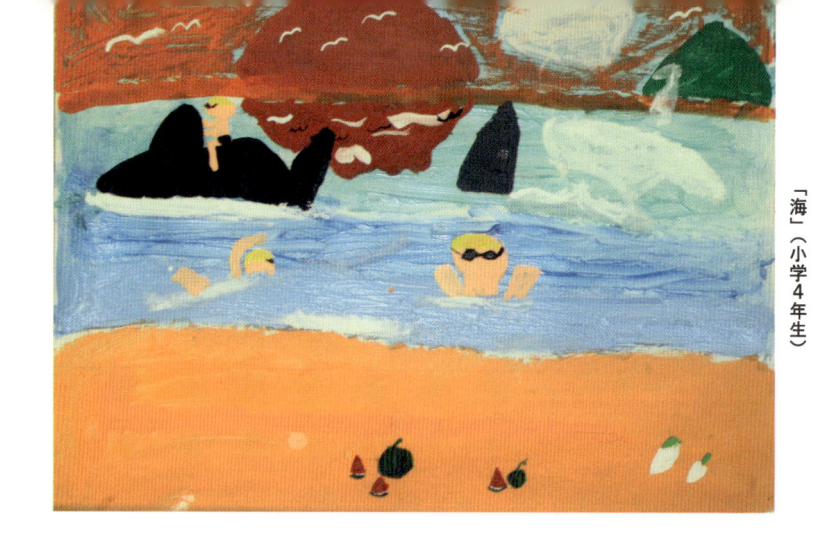

　また、5章で触れたように、小学校中学年以降の子どもの絵には、たしかに、「視覚型」「触覚型」「中間型」のタイプを見ることができます。ローウェンフェルドの調査では、視覚型が47％、触覚型が23％、中間型が30％であるという数字がでていますが、日本ではもう少し視覚型の子どもが多いように思われます。視覚型の子どもは、写実に忠実で、見えるものを見えるように描くという自然主義的な絵を好んで描けるかもしれませんが、触覚型の子どもに、自然主義的な方法を教え込むことはできても、自発的にはそのような描画活動は生まれにくいと考えられます。しかし、このころの子どもに、多くの教師は視覚的、自然主義的な方法によって絵を指導し、また大人社会はその視覚的な表現を志向し、比較し、評価しようとする傾向があります。そのような大人の指導や志向によって、多くの子どもたちは、自分らしい表現にいたる以前に、劣等感を持ち、絵を描く目的と喜びを見失い、上手・下手の視覚的な価値観に支配され絵を描くことを拒否するようになっていくことが考えられます。
　ここで考えてみたいことは、必ずしも「上手な絵＝いい絵」でも、「下手な絵＝悪い絵」でもないということです。いい絵とは、たとえばその一つとして、「表現したいものがその子らしく表現できた絵」というように、描いた人や見る人、その人その人にとって、何がいいかと

いう価値はさまざまであるはずです。子どもの絵は、子どもの主観的な感情によって決定するものであるとするならば、視覚型にせよ、触覚型にせよ、子どもが何をどのように描きたいのか、その選択を保障することが大前提となるのではないでしょうか。

6　過程でなく結果でしか見ようとしない大人

そして、「上手、下手」の見方や価値観で絵が語られてしまうもう一つの問題は、子どもの絵というものが、作品を作る過程で語られているのではなく、結果、つまりできあがった作品において多くが語られ評価されているということです。絵が教育や子どもの育ちで語られるとするならば、作品は目的ではなく、描く過程が重要であるはずです。「絵の教育」ではなく、「絵を通した教育」「絵を通した子どもの育ち」という視点から一人一人の子どもの絵を見ていこうとすれば、単に「上手、下手」という見方や価値観によって絵に対する評価が支配されることはないはずです。

先に見た、母の日のお母さんの絵の事例も、「お土産」として家に持ち帰らせるために、作品をできばえのよいものに仕上げようとする作品主義から起こる結果であると思われます。よく行われている作品展の中にも、結果としての作品だけを見て賞がつけられているものも多くあります。その賞のために一生懸命になっている大人がいることも、結果主義の現れでしょう。

砂場の様子を思い浮かべてみてください。道ができ、湖ができ、山にトンネルができ、共同制作の見事な作品を目にするときがあります。しかし、多くの大人は、その共同制作だけを見て、そこにいたるまでのとても長く複雑な過程があることにはなかなか気づきません。そのような共同制作ができるのは、全体の活動が100だとすれば、それは最後の10～20の中で起こってくる活動であり作品です。哲学者のロバート・フルガムが「人生に必要な知恵はすべて幼稚園の砂場で学んだ」と述べているように、大人の目にはついついできあがった共同制

第8章　子どもの育ちを歪める大人の言動　103

作ばかりが目に映るのですが、そこにいたるまでの、砂場の中で起こる地味で、もぞもぞとした活動や営みの過程にこそ、一つ一つ意味があるのです。

　子どもたちは、最初「何かを作ろう」などとはいわずに、「砂場で遊ぼう」と集まってきます。それぞれ砂を掘ったり、手を地面に入れたり、山を作ったりと、砂に身をゆだねながら思い思いの活動が始まっていき、それがながながと続きます。やがて、そこに一緒になって山を作ったり、トンネルを掘ったりと、イメージを共有しながら、作業を分担しあって共同作品を作り上げていきます。しかし、彼らは、その作品をいとも簡単に壊して、また何やら新しい活動を始めていきます。つまり、彼らは、作品というよりも、その活動を行うこと、砂場での営みそのものに意味を感じていることがわかります。これを絵に置き換えても同じことがいえます。ただ絵の場合は、描いた色や形が痕跡となって積み重ねられて残ってしまうという違いがあるのです。

　次の事例は、4歳児が5月に、大きな紙に墨でおたまじゃくしを描いていったときのものです。一人一人がていねいに、隙間を見つけてはいくつもいくつも描き、まるでおたまじゃくしが池で泳いでいるかのようです。子どもたちは夢中になり、どんどん塗っていくうちに、池はだんだんと黒くなり、やがて黒く塗りつぶすことに楽しさを見つけた男の子がでてきました。そのうち作品は真っ黒になり、自分の描いたおたまじゃくしが黒く塗りつぶされた女の子は泣きだしてしまいました。

　普通なら、その男の子が叱られ、真っ黒になってしまった作品に先生は嘆き、活動はここで終了するところです。しかし、そのときの先生は、「ここからが始まりだ」と考えたというのです。悲しかったという女の子の気持ちと、もっと描きたいという男の子の気持ちを理解し、「新しいお池にもおたまじゃくしを泳がせてあげて」と、そっと新しい紙を差し出してあげたのです。

　これも「絵画を通した一つの出会い」だと考えることができます。

もしも、作品を完成させることだけを目的にこの活動が行われていたとしたら、男の子は叱られ、真っ黒な作品は遺物として葬られ、さらに男の子は「もっと描きたい」という気持ちを喪失し、この活動は失敗だったとして終わったことでしょう。しかし、そうはさせなかったこの活動には、描く過程に意味を見つけようとする先生の思いが感じられます。そしてこの後の子どもたちは、造形活動の中でどんどん成長していく様子が見られました。

「池のおたまじゃくし」（4歳児）
■作品は一度真っ黒になったり、自分の描いたおたまじゃくしが塗りつぶされて泣きだす子もいました。そんな中で、みんなの大切にしていたおたまじゃくしが元気に泳ぐ絵が完成しました。

　次に、個人の絵の中に注目して、描く過程の意味について考えてみたいと思います。
　絵は、イメージを色と形にしていく営みです。その過程で子どもたちが出会う感じ方や、試行錯誤をするところに、大人が気づいていくことは、その子の絵を受け入れ、その子の描く営みを大切に扱うためにも重要であると考えます。
　次の作品の子どもは、キリンを途中まで描いていましたが、じっと考えて、突然紙を裏返し、また一から描き始めました。彼はなぜ裏返して描いたのでしょうか。それは、胴体まで描いたとき、その構図では、キリンの首が自分のイメージするように描けないと気づいたからでしょう。そう考えると、この子は、いかにキリンの首が長いことを表したかったのか、その事実がいかに彼の絵にとって重要な意味を持つものであるのかがわかります。そのときに、大人が「このキリンさん、首がとっても長くて素敵ね」と、ひとこと共感できれば、それ以上の

第8章　子どもの育ちを歪める大人の言動　105

言葉はありません。そしてその後は、「ゾウさんはお鼻がなが一いの」「カメさんも動物園にいたんだよ」と次々に描いていく子どもを見守り、受容し、お話を共有していけたら、子どもはさらに絵を描くことを喜びとして受けとめていくことでしょう。的を射た子どもの絵に対する見方や捉え方は、描く過程に見出すことができます。

　３歳ごろの円スクリブルの作品では、最初に何かイメージがあるわけではありません。たとえば、最初に楽しくてぐるぐると円を描き始め、どんどん描いているうちに、自分がジェットコースターに乗っているような感じになって、「ジェットコースター」といって描いた作品がありました。これは、ジェットコースターを描いたのではなくジェットコースターに乗ったときの気持ちや乗っている感じを描いたものです。完成した作品だけを見れば、何が描かれているのか理解することはできません。しかし、その過程に彼が表したかった内容が込められています。

右：「キリンさんは首がなが一いの：表」
（４歳児　男児）＊

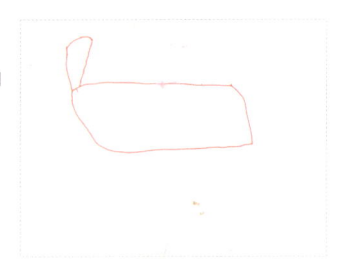

下：「キリンさんは首がなが一いの：裏」
（４歳児　男児）＊

このような、一見意味不明なスクリブル期の作品にも、先に見た「はなび・ポテト・おへや」とか「野菜屋さん」のように、伝えようとする意味や、作品に込められた思いが表されていることがあります。それは、作品だけを見ては理解することができません。その描く過程に、彼らは意味を持っているからです。そう考えると、スクリブル期といわれるこの時期の落書きのように見える線の一つ一つにも、営みのかけがえのなさを感じることができるのではないでしょうか。
　しかし、このような作品は、往々にしてすぐに捨てられたりします。これは実話ですが、ある保育所では、このようなスクリブルの絵が束ねられ、その紙がティッシュペーパーのように、拭き物として使われていたという話を聞いたことがあります。極端な話ではありますが、心が痛みます。

7　比較することでしか評価できない大人

　ある保護者の方からうかがった話に、なるほどと思ったことがありました。「自分の子どもの絵を見に行ったとき、まずは、貼り出された多くの中から自分の子どもの絵を必死に探し、それを見つけじっと見ていました。それから、ほかの子の絵を見て、もう一度自分の子の絵を見て、またほかの子の絵を見て、自分の子の絵を見てと、比較しながら自分の子どもの絵を見ている自分にハッとしました」。
　これは親ならではの心情でしょうが、この気づきは、「子どもをどのように育てようとするのか」「その子のかけがえのなさをどのように見つけようとするのか」という、育て方の本質なところに関わる気づきでもあるように思われます。子どもの世界から見ても、たとえば、私自身の子どものころを振り返っても、自分の絵が貼り出されたときは、自分の絵と仲間の絵を見比べながら見ていたことを思い出します。
　子どもにとって、比較したり比較されたりすることはけっして悪いことではないのでしょうが、親や大人が、何を見て比較しようとしているかが問題になります。切磋琢磨させて、比較することや競争させ

第8章　子どもの育ちを歪める大人の言動　107

ることは、この資本主義社会の中で教育効果として必要であるという見方もあるでしょう。しかし、子どもが絵を描く目的や、子どもの育ちのために絵を考えるとするならば、絵にまでそれを適用させようとする考えは、大きな間違いではないでしょうか。

　ある新聞のコラムで、「走ること」を例に、次のような投書がありました。

　　「私は幼いころから走ることが嫌いで、だから運動会が嫌いでした。でも、本当に走ることが嫌いだったのかよくよく考えてみると、本当は、走ることが嫌いなのではなく、人前で遅いことを比較されたり、さらされたりすることが嫌いで、走ることそのものは好きであったと思うのです。」

　先の、「絵を描くことが嫌いになった理由」の調査からも、「比べられて自分の絵が劣っていたら、自分も否定されているみたいで悲しくなった。比べられることがなければ好き」という回答がありました。絵の場合と単純に比較はできませんが、たしかに、子どもたちの走るときの表情や、絵を描くときの様子を見ていると、子どもたちは走ることも、絵を描くことも、本来は、すべての子どもたちが好きであるのではないかということを感じずにはいられません。絵の場合には、もう少し複雑で、自分はその絵がいいと思っていても、他人には評価されないということもあります。子どもは、その子なりに伝えたいことを伝えようとして絵を描いているのです。それを大人は、子どもの絵の何をもって比較をし、評価をしようとしているのでしょうか。

　たとえば、同じいもほりの絵だったとしても、ある子どもは、おいもが土の中から出てきたときの感動を表したかったかもしれません。またある子どもは、大きなおいもを掘れた嬉しさを表したかったのかもしれません。よく「人の顔を大きく描きましょう」という先生がいますが、すべての子どもが大きく描きたいとは限りません。さみしい

「雪のころのまち」(小学1年生)
■その子らしい表現によって、楽しく描いている様子が伝わってくる。

ときは小さく描きたいという子もいます。その子その子によって、何を表したいか、どう表したいか異なっていることは当然で、その子の伝えたいことを読み取り、その内容がどのように表されているかを評価することが大切なのです。そのように評価しようとすれば、一人一人の絵の中に、その子のよさや、伝えようとすることが自然と見えてくるはずです。間違っても、子どもの絵を比較するようなことはできないはずです。

　大人が比較して絵を見ることによって、先の調査に見るように、「楽しんで描くことよりも、技術を要求されるようになった」「絵というものが評価される対象であると感じてしまった」「『こういうふうに描きなさい』とかいわれて、自分の描きたいような絵が描けなかった。自分の絵より先生の絵みたいに思った」という結果が現れてきてしまうのです。

　このように、大人や指導者の価値観で絵を描かされたり、比較されたりすることによって、多くの子どもたちが、絵を描くことを嫌いになっていくのです。しかし、それは、子どもの生きる喜びや、育っていく可能性を、大人が摘み取ってしまっていることにほかなりません。子どもの生きる喜びを保障し、絵を通してその子の見方や感じ方、考え

第8章　子どもの育ちを歪める大人の言動　109

方を広げ深めていくことが大人の役割とするならば、一人一人の絵を、まずは受容し、それぞれの中にある表現を読み取り、認めていくことが重要になります。そのためには、どの作品であっても、その子が何を伝えたいのかということを読み取る力が必要になってくるのです。

8　形や色を教えてしまう大人

　子どもが、自分の思いや感動を伝えようとして描いた絵は、いくら色や形が未熟であろうが、見る人の心に伝わるものがあります。子どもが、表現することの満足感を味わうということは、人間としての生きる喜びを知ることであり、子どもなりに、芸術的な歓喜を経験することでもあります。

　本来、絵を描くということは、どの子にとっても楽しいことであるはずです。しかし、幼児期からすでに描くことが嫌いな子がいるのはなぜでしょうか。それは、その子にとって絵を描くことが楽しくなくなったからです。自然なその子なりの発達を無視されて描き方を教えられたり、ありのままの素直な表現を喜んでもらえなかったり、受け入れてもらえなかったりしたからです。

　クラスの壁に絵が貼られたとき、「どうして、ほかの子は、人の形が描けているのに、うちの子は、顔から手足が出ているような絵しか描けないの」といって、家へ帰って人の形を教えたという話を聞いたことがあります。また、「自転車はこうで、チューリップはこうよ」と教えているお母さんを目にしたこともあります。「子どもの絵は、教えるものではなく育てるものである」といわれています。自然な発達の中で、その発達にそった絵を描けるようになるわけで、そこで形を教えても何も意味はないのです。

　幼稚園の年長や小学生になると、ほかの知的なものが発達してくるにしたがって、親や人の目を意識して、まわりと違って自分が同じように描けないことに気づき、白紙のままで何も描かなかったり、ぐしゃぐしゃと塗りつぶしたりする子どもがいます。また、文字は書けるの

に絵は描かない子もいます。「どうしてうちの子は」とたずねられますが、それは、2歳なら2歳の、3歳なら3歳のときに、その子の自然な発達にそって、自由にのびのびと描くことをしてこなかったからです。その自然な発達を無視して、突然に胴体から手や足が出て横向きの人が描けるということはないのです。それは発達が遅れているということではなく、その子にはその子の発達があるということです。その子のそのときの素直な表現を受け入れてあげることが大切です。教えるのではなく、広告の裏やいらない紙でいいので、どんな落書きでも、自由にのびのびと描ける環境を作ってやることが大切です。

　人の顔や自動車や花を、「ねえ、かいて」とせがまれると、ついつい描いてあげたくなるのは大人の心情です。しかし、そこは我慢してみたいものです。子どもの絵と大人の絵は違います。大人が描いた絵は、所詮、大人の絵であって、まったく違うという前提に立って子どもの絵を見ようとすれば、安易に形を示してしまうことはできないはずです。絵を描くということは、文字と違って形や約束ごとを覚えることではなく、自分の思いを形に表現することです。なぜなら本人が創造し作り出すものだからです。大人が形を示しても、それは彼らの創造性を潰すだけです。それを繰り返していくと、自分の感覚で働きかけるということができなくなり、その結果、感覚も発達しないということも起こりえます。これは、絵だけの問題ではありませんが、「ねえ、次はどうするの、次は何かくの」という指示待ちの子どもが増えてきていると聞きます。自分の目で見て、自分の言葉で話して、自分の考えで表現していく子どもを育てたいものです。子どもが、「かいて」というときは「形をかいて」というより、「一緒にかこうよ」ということのほうが多いようです。そういうときは、形を教えるのではなくて、おしゃべりでもしながら、一緒にそばにいてあげればよいのです。また、今まで描いてあげていたのに、急にそれをやめても子どもは不信感しかいだきません。そのようなときは、できるだけ、その子の発達に応じた影響の少ないシンプルな形を示し、その子が自分から描いていく

ようなお話をしていけばよいのではないでしょうか。

　形を教えることと同様に、ぬり絵も、子ども自身が創造した絵ではありません。大人の作った概念やパターンを形式的に塗りつぶす作業にしかすぎません。そこからは、子どもの思いは何も聞こえてはきません。同じように、自分の絵を描けない子を育てるだけです。自発的に自分から何かを生み出していこうとする習慣をなくしていくことにもなりかねません。輪郭の中をきれいにはみ出さないように塗りつぶすという技術も、幼児の時期では無意味です。小学２、３年生になって、指先のコントロールができるようになるころに、それは身につけていくことです。だからといって、ぬり絵に一生懸命になっている子に、「これはいけないからやめなさい」というのではなく、もっとその子が、自分から関わっていきたくなることや、楽しいと思える生活や環境を作ってやることが大切なのです。

　また、マンガのキャラクターをそっくり上手に描くことも、それは単なる技術であって、その子の心の表現をそこに見ることはありません。これもまた子どもの問題ではなく、それよりももっと楽しい豊かな生活や、子どもが自ら関わりたくなるような環境を作ってあげていない大人の問題なのです。

（ブルガリア・7歳）

第9章

「描くこと」を通して「共に生きる子どもたち」

1　「共に描くこと」が生み出す「生きる喜び」

　私たちが、子どもたちの将来を願ったとき、一つ思うことは、「人や自然と共に生きたいと思えるような社会をつくっていきたい」と考えられるような子どもたちであってほしいということです。そのためには、さまざまな人や自然やできごとと子どもたちがどう関わっていくかということが重要になります。たとえば、自然の中で遊び、生命と出会い、言葉で表し、うたを歌い、ものを造り、絵を描くなどのようないろいろな関わり合いの中で、人や自然に対する感じ方や見方、考え方を深めたり広めたりしていくことが、子どもの心の豊かさを育む上においてとても重要であると感じるのです。

　子どもの生活の中に入って、描く姿に寄り添い、その場を一緒に過ごしてみると、いろいろと見えてくるものがあります。その中でも、一番に思うところは、「共に生きている」という実感が、子どもたちの「生きる喜び」につながっているのではないかということです。

　「共に生きたい」という意識は、人間の本能としてあるのではないか、ということを子どもたちから感じるのです。それを呼び起こし、その感じ方や見方、考え方を広げ、深めていく一つの営みが「描くこと」であるというのが、私の考えるところです。それはどのようなものであり、どのような意味を持つのか、次の三つの視点から具体的に述べてみたいと思います。

（1）「共通の生活体験」が起こす「生の共有」

　東京の郊外にある保育所での事例です。この保育所は、小さな2坪ほどの田んぼや菜園が園庭の中にあって、子どもたちがそこを耕し、植物を育て、収穫をしています。また、庭にはニワトリやウサギやいろんな動物が飼われていて、ここでは仲間も、保育者も、動物も、植物も、皆が一緒になって共に生活して生きています。

　キュウリやトマトの収穫のころのある夏の日、園庭の菜園に3mはある大きな紙を4枚ほど広げ絵の具と筆を用意してみました。キュウリやトマトを採っていた子どもたちが次第に集まり、次々に絵を描き始めました。その内容は、最初はやはりキュウリやトマトといった野菜との関わりやできごとを描いていました。おのおのが無言のうちに自分のテリトリーを定め、「ここからここまでは、だれだれちゃんね」と自分たちで場所をしきりながら描いていました。しかし、やがて自分の場所が飽和状態になってくると、自分のテリトリーからはみ出し、余白を見つけて描いたり、人の描いたところに加筆したり、つなげたりしながら絵を一緒に作り出す様子がでてきました。そこで当然、「僕のところにかいた」と泣く子もでてくるわけですが、時間がたつとまた一緒になって描いていました（Aの作品）。

　2枚目の紙を渡すと、今度は、赤いトマトが赤い地球になったり、青い地球が生まれたり、水の点々が怪獣の足跡になったりと、自分たちで物語を作りながら、いつのまにかキュウリとトマトの菜園の絵は、共同の物語絵になっていきました（Bの作品）。

　その紙も飽和状態になり、さらに、3枚目を渡すと、その真新しい白い紙に一人の子が、筆で絵の具を神妙にたらし、それを見てだれかが「わーきれい」とつぶやきました。するとほかの子がまた違った色をたらし、次第に数人の子が一枚の紙を取り囲み、おのおのに絵の具をたらしあい、そこに現れる色や形を一緒に共有し感じながら描いていく姿が生まれてきました（Cの作品）。

　このように描くことにおいて、イメージや感じ方を共有していく営

A：自分のテリトリーで描くことが始まる。*

B：菜園の野菜の絵は共同制作となり、やがて共同の物語絵となっていく。

C：描く行為によって会話するように感覚を共有しあっていく。*

第9章 「描くこと」を通して「共に生きる子どもたち」 115

みが自然に生まれてくる背景には、一つの重要な要件があります。それは、「日々の日常的な経験を共にし、生活を共にしていることによって、共通のイメージが作り出される」ということです。ここに描かれたキュウリやトマトはそのシンボルであり、その共通の生活体験が「菜園の野菜」という共同の生活画を生み出しました。

さらに、そのイメージは「赤い地球と青い地球と怪獣」という新たなイメージを生み出し、そのイメージを広げあいながら共同の「物語絵」が生まれています。そして最後は、会話をするように、描く行為によって感覚を共有しようとする営みが生まれています。これらの一連の過程の中で、彼らは、「共に描く」という行為によって、「共に生きている喜び」を、確かめあっているようにも見えます。

では、このような活動は「何を育む」のでしょうか。何もないところから何かを作る、生み出すということに、この子たちは多大な力を発揮します。たとえば、たかが保育室の前にある小さな田んぼですが、子どもたちはさまざまに活動を広げ、彼らなりの生活や文化を生み出していきます。土を掘り、虫を見つけ、泥と遊び、あぜにくる虫と関わり、稲を育て、収穫を喜び、造形を生み出し、うたを歌い、太鼓をたたき、おどりを踊り、そしてその生活を絵にし、さらに想像的な世界を創り上げていくというように活動は広がっていきます。その広がりや深まりがとても重要であって、その過程において、絵を描くということは見方や感じ方を広げ、深めていくための手立てとなり、また、あるときは諸活動の出口として、子どもたちの見方や感じ方を統合していく役割を果たす営みとなります。

その活動の広がりを保障していくためには、環境の配慮と生活の深まりが大切であるといえます。子どもが「生活や文化を生み出し作る」ということに対して前向きになっていくような環境が、この園庭にはあるように思えます。

たとえば、園庭に何もないとすると大人はすぐにそこに既成のものや人工のものを建てたり造ったりしようとしますが、何もないからこ

そ、一緒になって共に作り出そうとするものが生まれてくるはずです。

　(2)「絵と環境の一体感」が起こす「生の共有」
　次の事例は、デンマークのブランデ市というところの保育所で、実践の企画に参加させていただいたときの事例です。
　この保育所は公立で、3歳児から5歳児までの34名が一緒に生活をしています。野外に、50ｍほどの大きな和紙を広げ、絵の具を準備しました。1時間ほどで50ｍの真白な紙は色とりどりの作品へと変わっていきました。そのできあがった作品は、子どもたちが、「その瞬間を共に生きた痕跡」のように見えます。
　そして、その作品を子どもたちが遊ぶ園庭に、布と組み合わせて飾ることになりました。子どもたちは木々が茂る園庭の中に飾られた作品の中で、作品と一緒になって遊んでいたのですが、ふと気づくと、作品はいつの間にか園庭という環境と一体化し、園庭自体が作品のようになっていました。
　日本でも、同じような実践を試みてみました。この保育所は東京の郊外にある認証保育所で、0歳児から5歳児までの30名ほどが一緒に生活し、近くにある丘陵が彼らの大切な遊び場となっています。
　その雑木林の中で、普段から彼らは木の実を拾ったり、隠れ家を作ったりして遊んでいます。その空間に、さきほどのデンマークの実践と

■園庭に飾った作品の中で遊ぶ子どもたち。

■作品と園庭が一体化し、園庭そのものが作品となっていく。

第9章 「描くこと」を通して「共に生きる子どもたち」　117

「森の美術館」
■いつも遊んでいる場所に「隠れ家」が生まれる。

■「隠れ家」に自分たちの作品を飾っていく。

■作品と子どもと森がとけ合い、ゆっくりと時が流れる。

同じように作品を作り、「森の美術館」として飾りました。その雑木林の中で、一日中子どもたちは遊び、時がゆっくりと流れていきました。作品を飾ってみると、描いたときと飾ったときとでは、また異なった感じ方が生まれてきます。描いたときは、描くことによって人と人が共につながっていくことを感じ、飾ったときには、さらにその色と形が自然の中に融合するように感じました。

　もう一つの事例は、小学校でのものです。殺風景なコンクリートにはさまれた校舎の中庭には、子どもたちが毎日大切に育てているウサギやニワトリがいます。あるとき、その庭に自分たちの作品を飾ってみようということになり、みんなで一つの作品を作り上げました。担任の先生の言葉を借りれば、それは、「子どもたちの"今"がつながるように、色と形がつながっていく」ようでした。そして、その作品を中庭に飾ってみると、子どもたちは、「先生、なんかいいね」「楽し

「ぼくらのワクワクランド」
■絵の中で子どももウサギもニワトリも共に生きている。

いね」「飾ったら、庭が生きているようになった」と感想をいっていました。子どもたちが共に生み出した「生の痕跡」は、中庭の中で一体化し、「ウサギもニワトリも子どもたちも一緒に生きている」という空間ができあがっていったのです。

　このように、描く過程だけでなく、環境の中に飾ることによって、子どもたちは「生」を共有し、共に生きているという感じ方を共有しているように見えます。子どもたちの今を生きたことを表す痕跡は、環境と一体化することによって、さらにまわりの「生」を共有するような新たな感覚を生み出していくのです。

　しかし、このような実践は、とくに日本の学校教育や社会の中では理解されにくい土壌があるようです。日本の土壌は、子どもの文化的な活動さえも目先の効率主義や結果主義に支配されているという面があります。北欧での活動と日本での活動を比較してみると、メディアも含め、子どもと文化を扱う社会の視点の違いを感じます。それは、子どもと文化を大切にしていこうとする社会の意識や風土の違いかもしれません。さらには、子どもを大切にするということと文化を大切にするということが、共通した視点で語られているかどうかという違いであるように思えます。人間の存在や尊厳に関わる問題として、ま

第9章　「描くこと」を通して「共に生きる子どもたち」　119

た、大人にとって異文化である子どもの世界をいかに受容しあうかという問題として、子どもを大切にするということと、文化を大切にするということは共通の視点を持っていると考えます。

（３）「あいまいな関係性」が起こす「生の共有」
　では、どのような要件によって共に描くという行為は発生し、そして、そこにはどのような意味があるのでしょうか。
　この事例は、町の路上に紙を敷き、幼児から小学生の異年齢の子どもたちと、地域の人々と通行人といった無限定の参加者によって行われた実験的な試みです。ここには、描かなければならないという目的や強制はありません。真白な紙と絵の具という非日常的な環境がきっかけとなって、描きたいという欲求が行為を導き、一緒に描くということが起きてきました。「私も描いてみたい」という個人的な欲求から始まり、結果として共に描く共同体が作られていったのです。
　まず戸惑いもなく描き始めたのは、共同企画者でもある７人の海外作家と、はじめから企画に参加していた子どもたちでした。しかし、徐々に通りかかった子どもたちも筆を取り、やがて延べ100名ほどの参加者によって、路上に作品ができあがりました。もちろん、その活動の大前提として、「この場所には好きなように描いてもよい」ということが自明のものになっていなければ、このような行為は生まれてきません。
　ところが、日本中を見ても子どもが自由に何かをできる場所というのは意外に存在せず、その場所には必ずだれか所有者がいます。保育所や幼稚園や小学校にしても、子どもが自由に自発的に何かを作ったり絵を描いたりできる場所というのは、砂場や保育室の片隅に時々あるお絵かきコーナーぐらいで、それ以外は皆無であるというのが実情です。
　では、子どもたちは、このような描く過程の中で、どのような感じ方を持っていたのでしょうか。東京の新宿区で試みた「はなぞのアー

「美濃紙こどもワークショップ──路上のコラボレーション"灯の道"」■古い町並みの路上に敷かれた紙の上に起こるできごと。

ト・プログラム」での子どもたちの感想をここに紹介します。
・「楽しかった。そのとき描いた絵というのは、そのときの自分が
　いたことを示す大切なものだと思った。この１秒１秒が一生に一
　回しかない大切なものだと思えた。」
・「最初は見ているだけでおもしろかったけど、実際に自分で描い
　てみると、自分が何をしているのかわからないほどおもしろかっ

た。ほかのことを考えずに、手が勝手に動いているという感じだった。」

　これらの感想は、描くことの中において、生きることを喜びとして捉えているように聞こえます。その一瞬一瞬にある、生きている営みの大切さに気づいていることがこの感想文からうかがえます。これは小学６年生のものですが、たとえ幼児においても、その感じ方は同じであると考えます。このような絵画活動は、人が色と形で作るドキュメントであるといえます。目標として作品づくりがあるというより、描く行為の一瞬一瞬の「できごと」が、まるで映像を見るようにつながっていき作品が成立しています。連続した時間の中に、他者との交わりや関わりが色と形によって表されていったわけです。
　それでは、このような、共に描くという営みは、どのような要件によって発生するのでしょうか。
　その一つは、「あいまいな関係性」であると考えます。最初、子どもたちは自分のテリトリーを確保し活動を始めますが、やがて、この白い一枚の大きな紙は、「自分のものでもあるし、自分のものでもない」というあいまいな場所であることに気づき、そこに生まれてくる色や形も、「自分の色と形であるが、他人の色と形でもある」というあいまいな所有意識に気づいていきます。このような領域や、境界や、空間や、色と形や、所有意識すべてに共通

「はなぞのアートプログラム」
■自分たちの作品の中でゆったりと時が流れていった。

する「あいまいな関係性」が、共に描くということを自発させていると考えられます。彼らが遊びを生み出していく過程や、何もないところに何かを作り出していく過程において、この「あいまいな関係性」はとても重要であると考えます。やりたいことを自由にできる時間と場所が保障されることによって、彼らは仲間を作り、共にやりたいことを見つけ、できごとを自発的に生み出していくのです。

2　「描くこと」を通して「自然と共に生きる子どもたち」
（1）「自然との共生のあり方」を考える

次に、個々の子どもの私的な世界の中に立ち返って描くことについて考えてみたいと思います。

下の作品は、5歳児が墨と筆で描いたものです。花や虫がまるで生きているかのように力強く描かれています。それはどうしてでしょうか。この作品は、さきほどの「森の美術館」の事例で紹介した東京の郊外にある認証保育所での実践です。この保育所では、0歳児から5歳児までの30名ほどの子どもが、障害を持った子どもと一緒になっ

「お花と太陽」（5歳児　女児）
■なぜこんなにも表現が力強いのか。

て、自然との関わりを大切にしながら生活しています。日々、川や野原や田畑に出かけて、遊びを作り出しています。また、トトロの森のモチーフにもなった「八国山」という丘陵が近くにあり、そこが大切な遊び場となっています。

　その「八国山」にマンションが建設されることになったとき、ある報道雑誌に卒園児の小学生の言葉が紹介されました。その内容は、「木が切られるたびに、自分のからだも切られるようにつらく感じてきた」というものでした。その子の言葉には、白々しくなく心に深く伝わってくるものがあります。それは、その子が育んできた「感じ方」の部分にあるのでしょう。その子は、幼いころ八国山の自然と深く関わり、その中で遊んできました。この感じ方の深さは、関わり方の深さだと思うのです。このような、自然と自分を切り離さないで捉えようとする感じ方が、この園の子どもたちには育まれているのです。

　ここで、一つ述べておきたいことは、自然環境は存在していればいいというものではなく、自然をどう活かすかが大切であるということです。とくに都会では豊かな自然環境を期待することはできません。重要なのは、自然環境の存在ではなく、自然とどう関わっていくかという大人の意識にあります。

　たとえば、今日の社会の中で、自然との共生とか共存とかいう言葉は、その表層の意味だけが先行し、危うささえ感じます。しかし、子どもの中に入ってみると、「人間は、人や自然と一緒に生きたいという意識が潜在的にある」のではないかということを強く感じるのです。それを子どもはとくに素直に出しています。

　森岡正博は著書『生命観を問いなおす』の中で、美しい花がいくらあっても、牧歌的な美しさだけに寄り添うことはできない、結局、私たちの中にある人間中心的な意識に出会って、気づいて、そこから本当に共存していくということはどういうことかを考えないと、自然と人間の関係のあり方は見えてこないのではないかと述べています。

　たとえば、虫を見つけ、その命を育て、動物のウンチの世話をし、

その生と死に出会い、野菜を育て、その命を食べ、言葉で表し、うたを歌い、ものを造り、いろんなことと関わっていくその豊かさがとても大事であるということです。そして、その関わりの深さが、絵の中に読み取れるのです。さらにいえば、それは、人間と自然の関係だけでなく、人間と人間の関係においても同じであるということです。先の保育所の園長先生が、ここの卒園児は、小学校へ行っても、いじめや、障害のある子を偏見の目で見たりすることはないとおっしゃっていました。自然をどう感じるかということと、人間をどう感じるかということは実は同じで、自然と共に生きたいと思える意識は、人と共に生きたいと思える意識につながっているのです。

(2)「生活とのつながり」を考える

　下のヤギの作品は、横浜の幼稚園の4歳児が描いたものです。この園ではヤギが飼われていて、子ヤギが生まれたときにこの作品が描かれました。絵の中で、この子はとてもにこやかな顔をしてヤギにまたがっています。そして、このヤギはなぜかウンチをしています。

「子ヤギが生まれた」（4歳児　男児）＊
■なぜこんなにも喜びを表現できるのだろうか。

この絵には、どのような意味が込められているのでしょうか。ここの子どもたちは、親ヤギのお腹が大きくなり、苦しみながら子どもを生むことを知っています。ヤギが死ぬということも過去に見て知っています。そして、日々の中で、ヤギのウンチの世話もしながらヤギと一緒に生活しています。だから、その赤ちゃんが生まれたときには、可愛いだけでなく本当に嬉しかったのでしょう。この子は横向きの4本足のヤギが描けるのに、自分は頭足人で描かれています。彼にとっては、元気いっぱいの嬉しさを率直に最大限に表現するには、この形が最も素直に出てきた形であったことがうかがえます。もう一つ注目したいところは、ヤギのお尻から健康的な丸いウンチが飛び出ているところです。彼らは、ヤギの調子が悪いときは丸いウンチでないことを知っています。だから、このウンチには、とても重要な意味があるのです。

　また、5歳児の田植えの絵を見ると、その根っこまでも描かれています。それも、一人ではなくクラスの多くの子どもが根まで描いています。ぬるぬるとした田んぼに入って、自分の手で苗を植えたときの感じ方がよく表れています。根を描くということは、見えない世界までも想像しているということです。そして、その根というものが、彼らにとっては大切なエッセンスであることがうかがえます。苗が早く大きくなって実ってほしいという想いが込められているように見えます。ここにも絵と生活の関わりの深さが表れています。

　また、この園では、園庭の菜園やヤギだけでなく、保育室の中でもいろんな動物が飼われています。たとえば、5歳児が自分たちで紙芝居の物語を考え作ったとき、そこには彼らが日ごろ一緒に生活しているカメやウサギやカエルや、そして虫たちが物語の主人公となって登場しています。4歳児が自発的に作った絵本の中でも、生活の中でうたを歌ったことや、絵本の物語の内容とが現実の世界と入り混じり描かれています。このような生活との豊かな関わりがあってこそ、豊かな想像力は発揮されていきます。

「田植えをしたよ」（5歳児）
■多くの子が根まで描いている。大きく描かれた太陽と苗には、早く大きく育ってほしいという子どもの願いが込められている。

「いねかり」（5歳児）＊
■秋には、収穫の喜びを、画面いっぱいに表現している。

　次の絵本の作品は、ある日のお帰りの会のとき、一人の女の子が「気持ちの絵本」といって、一枚の自分の描いた絵をもってみんなの前でお話をしたところから始まっていきました。「わたしもあした絵本作ってよむ」という子どもたちの声を聞き、次の日の朝、先生はさりげなくコーナーに紙を用意しておくと、さまざまな物語が作られ、日をおうごとに言葉の長さも絵の枚数も増えていき、生活の中で歌ったうたの内容や、踊ったことや、飼っているカエルやザリガニやいろんな生活のできごとが結びつき物語の中に取り入れられ作られていったということです。

第9章　「描くこと」を通して「共に生きる子どもたち」　127

絵本「ヌマージャとティンクル」(4歳児　男児)
■生活の中でのできごとや、歌ったうたや、踊ったおどりや、飼っていたカエルやザリガニたちが物語の中で結びついていった。

①まいおかこうえんのいけに、おたまじゃくしがすんでいました。

②いっしょにあそぼうよと、かえるがやってきました。

③ザリガニが「なかまにいれて」とやってきました。

④3びきがなかよくあそんでいると、ぬまにすむかいぶつヌマージャがあらわれ、「おまえたちをたべてやる」といいました。(※黒く怖い表情で描かれている。)

⑤そこへ、ようせいのティンクルがあらわれ、「ティンクル、ティンクルケロリロレー」といってヌマージャをやっつけてくれました。

⑥そして、みんなでおどりをおどりました。

⑦ヌマージャはティンクルにまほうをかけられいいひとになりました。（※青だったヌマージャが朱色に変わった。）

（3）「描くことを生み出す環境」について考える

　東京の杉並区に、ある幼稚園があります。この幼稚園を訪れると多くの素敵なことに出会います。まずそれは環境への配慮です。子どもが関わっていきたくなるような環境がそこにはあります。

　たとえば、土の山があったり、水場があったり、園庭の真ん中にちょうど子どもが隠れられるほどの高さの草むらがあったり、その中に動物が飼われていたり、竹がはえていたり、自然物で音が鳴らせる音場と呼ばれる場所があったり、小さな菜園があったり、庭の片隅にはいろんな野花が咲いていたりと、数え上げたらきりがありません。

　雨の日は、普通なら保育室で遊ぼうかということになりますが、園長先生は、「雨だからこそ外に出ようよ」といわれます。子どもの気

■園庭の中に、子どもの背たけほどの草花が生い茂り、その中に動物たちが飼われている。

持ちも実はそうなのではないでしょうか。雨の日に外に出ると、雨の日にしかないいろんな出会いがあります。竹林で竹を揺すると、傘に「ざー」と音をたて溜まっていた水が上から降ってきます。花の色も雨が降ると違います。天気のいい日にはなかなか出てこない虫にも会えます。カタツムリも楽しそうに歩きます。「雨だからこそ」のそのひとことにも、環境との関わりがいかに大切に考えられているかがうかがえます。

　この園から一番学ぶことは、環境はあればいいというものではないということです。いかに、大人が意識して子どもと共に環境を作り、そこに子どもが深く関わっていくよう援助していくことが大切であるかということです。この園庭でほんのわずかですが稲が収穫されたとき、子どもたちは、4時間かけて、一粒一粒そのモミがらを手で取って、白い米粒にし、そしてそれを炊いて、ほんの少しずつですが分けあって食べたという話を聞きました。たとえ大きな田畑で作物を育てようが小さなプランターで育てようが、大切なのは、子どもたちの関わりの深さであるということを思うのです。

　右の絵は、子どもたちが園庭に咲いている野花を小さな紙に色ペンで描いたものです。ここの子どもたちは、いろんな紙を使います。ダンボールもあれば、カレンダーの裏側もあり、小さな切れ端の紙もあり、大きさも形もさまざまです。画用紙だけが紙ではありません。この小さくて繊細な野花を描くには、小さな紙とペンが一番適しているのです。先の事例の大きな紙に共に描く中では、大きな紙だからこそ生まれる

130

■園庭の野草
（井口佳子『幼児期を考える』相川書房、2004 年）

表現がありました。ここには小さな紙だからこそ生まれる私的な世界が見られます。紙や描画材、それも環境なのです。家であっても、保育室であっても、図画工作室であっても、子どもが自分から関わりたくなる環境は同じはずです。

　ここの園にはやはりいろんな虫や動物が飼われています。園長の井口佳子先生は著書『幼児期を考える』の中で、白ウサギが死んだときの様子を次のように語っています。「Ａ君は、兎のお腹に自分の耳をつけ、『ドキドキしていない』。自分の胸にも手を当てて、『ドキドキしてる』とその違いを確認していました。（中略）兎に関心を持ち、可愛がっていた子ども達は、その分だけ、その死についても心を動かすようです」。

　この園の絵には、いろんな動物が登場してきます。そこには彼らのさまざまな想いが込められています。たとえば、あるとき６本足のカメが描かれた絵がありました。この絵が描かれる前も、その子はカメの絵を描いていたそうです。もちろん、その絵の足は４本でした。

　あるとき、保育室で飼っていたそのカメが逃げ出しました。それをみんなで探そうということになり、その絵が生まれました。のろいはずのカメが素早く逃げ出した様子を、この子は６本の足で表現したのです。保育室には、カメとの関わりを通したドラマがあり、それが生活とつながり、広がり、絵となって表されています。

　このように、子どもが自分から関わっていける環境と機会を保障していくことによって、子どもたちは、自分たちの力で自然や仲間と共に生きていこうとする感じ方を広げているように思えます。そして、そのような環境と大人の支援の中で絵を描くということが、日々の生活の中での見方や感じ方を広げ、深めていくための手立てとなり、また、あるときは活動の出口として、子どもたちの見方や感じ方を統合していくための営みとなっていくのです。

第10章
子どもの絵は大人社会へ何を語るのか

1　南北の国境にかけられていた絵

　2004年の冬、北朝鮮と韓国の国境線を訪れる機会がありました。イムジン川の向こうには北の大地が広がり、その境界の有刺鉄線の張り巡らされた金網には、いくつもの願いや叫びの声が書き込まれた布がくくりつけられ、そしてその中に、いくつかの子どもたちの絵がかけられていました。

　同行した中に、一人の在日朝鮮人の学生がいました。彼女はその子どもの絵を見つけ、それを手にとって見ているうちに、目には涙が潤み、表情は徐々に神妙なものへと変わっていきました。その絵の片隅には、「いつか、おたんじょうびかいをいっしょにやろうね」とか、「はやくいっしょにあそぼうね」という韓国語が添えられていました。彼女の祖父の時代から連なる日本と朝鮮に起きた悲劇の時代と時の流れ、そして、日本で育ちながらも、目前にする分断された祖国の現実の重みを、彼女はその絵を通して感じているように思えました。その深さや複雑さは、私たちが安易に想像できるものではありません。彼女は、その体験を次のように述べています。

　「韓国でのこの体験を通して、私は戦争と平和、そして自分の置かれている状況というものにもう一度気づかされ、考えさせられた。高校のときには、北朝鮮側の国境から韓国を見た。まわりはとても緊張していて、そんな中、見てみた国境は、ただブ

上:■南北分断線に吊るされていた言葉と絵。
左:「いつかおたんじょうびかいをいっしょにやろうね」
■国境にかけられていた子どもの絵。

ロックが少し高くなっているだけで、すぐにも越えられそうだけど、と思った。しかし、今回は、韓国側から、自由の橋と統一展望台という所に行った。自由の橋では橋の途中に金網が張られ、そこにさまざまな人たちの叫びやメッセージがたくさん吊るされていた。そこに、子どもたちの描いたメッセージがあった。そのメッセージを見ながら私はなんともいえない気持ちになった。私は、実際に昔あったことには関わっていないけれど、その人たちを思うと、ただかわいそうという気持ちじゃすまされなかった。同じ韓国人としてとても心が痛んだ。子どもたちの描いたメッセージを見て、こんなにも願っているのに本当に実現することができたらどんなによいだろうと思った。今は休戦しているが、やはり戦争が今の状況を作り出してしまっていると思った。一つになることは難しいことだろうけど、いろいろな人たちが少しずつわかっていくこと、理解していくことがとても大切なのだと改めて感じた。」

　子どもの絵に視点を戻して、このことを考えてみたいと思います。

彼女はどうして、その子どもの絵を見たときに、その思いを激変させていったのでしょうか。韓国に滞在した期間中、ほかのどのような体験よりも、彼女はこの一枚の絵を通して、深く複雑な思いへといたっています。たしかに、この絵には言葉も書き込まれていました。しかし、吊るされていた紙が、言葉だけであったらと想像してみてください。そこに絵があったからこそ、彼女の背景と、絵を描いた子どもやそのまわりの人たちの背景が、この一枚の紙を通してつながり、共有され、深いコミュニケーションを成り立たせたのです。絵と言葉の両方のイメージが相互に作用しあい、相互の意味を補足しあい、伝える内容を一層深いものにしています。

ときに絵画は言葉以上に伝えるものがあります。ここにおいては、絵は「共通言語」としての役割を果たしていたともいえます。とくに、言葉が発達しきっていない子どもたちは、素直に、無邪気に、全身全霊をかけて言葉では表せないことを絵で表そうとします。だからこそ、子どもの絵には、強く心に響くものがあるのではないのでしょうか。

「戦争は、人の心の中に生まれるものであるから、人の心の中に平和のとりでを築かなければならない」。これは「ユネスコ憲章」の前文です。1951年、日本がユネスコに加盟して以来、真の平和や共存とは、国や民族を越えたところにあるとする考えにもとづいて、その教育の基礎に表現行為、とくに絵画の必要性が謳われてきました。以後、子どもの絵画は、国際理解、国際交流の場において、たしかに貢献してきました。その内容は、個人の心が、民族や国境を越えてほかの国の個々の心に直接に伝わることが可能であるという考えにおいて、絵画が形式的な上でも、実質的内容の上でも、平等の立場で他国の人間と交流することができるというものでした。

しかし、ここであえて触れておきたいことがあります。これまでにも、大人の考えや思想によって、絵を描かされていたり、大人の都合によって利用されてきたという、歴史的な事実も忘れてはならないのです。ときに子どもの絵は、その国の歴史を見るバロメーターのよう

にその時代の状況を映し出します。しかし、常に、子どもの絵は、子どもが主体で、自由にのびのびと、大人の考えや思想によって支配されることのないようにあってほしいと願います。

2 イラクで疲弊した兵士と背景の子どもの絵

　イラク戦争の最中、ある英字新聞の1面に掲載されていた写真がありました。疲弊した兵士の後ろの壁に、子どもの絵が飾られ写真の下に"Messages of support from U.S. children on the wall"とコメントがつけられています。この写真をどうとるかは、人によってさまざまだと思います。たしかに子どもの絵は、平和のシンボルとして私たちに訴えてくるものがあります。しかし、この写真の状況にはあまりにも微妙で複雑なものがあります。虹や青空が広がる平和な世界が描かれた作品や、兵士を応援しようと描かれている作品など、読み取れる内容もさまざまですが、ここで一番に感じることは、これを指導し、"Messages of support"としてここに届けようとした大人の考えと、この絵の中に描かれている子どもの思いや感情は、一致しているのだろうかということです。子どもの絵が利用されているのではないかという印象は拭い去れません。この写真の背景に、どれほどのイラクの子どもたちが犠牲になっているのかというリアリティーを感じることができるならば、逆に、この絵というメディアが大衆に訴えるものは、"Messages of support"ではなく、"Messages of no more war"なのではないでしょうか。

3 戦争を知っている子どもの絵

　人類が起こす最も悲惨なできごとである戦争は、弱者である子どもたちにその影響が大きいことはいうまでもありません。このテーマから、子どもの絵についてもう一つ考えてみたいことがあります。
　心理学者、ロズリーヌ・ダヴィドは著書『子どもは絵で語る』の中で、「戦争を知らない子どもたちは、戦争のテーマをいろいろなしかたで

■戦争を知っている子どもの絵（レバノン・6歳）（ロズリーヌ・ダヴィド／若森栄樹ほか訳『子どもは絵で語る』紀伊國屋書店、一九八四年）

表現するが、逆に、戦争を知っている子どもの絵は、暴力の不在が特徴である」と述べています。「戦争のテーマを避け、かわりに牧歌的な状況または風景を描く」。もちろん、戦争経験の深さや違い、描いた時期や年齢によって、内容は異なってくることが予想されます。上の絵は、レバノンの内戦を逃れてきた子どもが、国のことをたずねられたときに描いた作品で、花の中で遊んでいる二人の友達が描かれています。空と地面の太い線が、心地よい情景を戦争から隔離し守っていると彼は分析しています。

エクトル・シエラは著書『あの日のことを かきました』の中で、9・11のテロ以後のニューヨークの子どもたちと、アフガニスタンの子どもたちの絵を紹介しています。そのニューヨークの子どもたちの学校は、世界貿易センタービルの近くにあって、一つめのビルが崩れ、子どもたちが必死に走って逃げているときに、二つめのビルが崩れ落ちるという恐ろしいできごとを、子どもたちは身をもって体験したそうです。それらの絵は、それから半年後に描かれたものです。

彼らの視界にはもう貿易センタービルを見ることはできませんが、注目したいところは、多くの子どもたちが、何事もなかったように空高くそびえるツインタワーを描いていることです。著者が、「どうし

第10章　子どもの絵は大人社会へ何を語るのか

「きぼうのまち」(ニューヨーク・9歳)
■ 多くの子どもがツインタワーを描いているが、それは、ほとんどが黒く描かれている。

「わたしのまち」(カブール・13歳)
■ この子の絵は太陽が黒く塗られている。

(上下：エクトル・シエラ『あの日のことを かきました』講談社、2002年)

てツインタワーをかいたのですか？　もう、あのビルは崩れ落ちてないのに」と聞くと、その子は、「ツインタワーは立っているんだもの」と答えたといいます。この子たちの願いが聞こえてくるようです。これは先のレバノンの子が、内戦で悲惨に崩壊した故郷を、何もなかったように牧歌的に描くことと似ています。

　しかし、ニューヨークの子どもの絵をよく見ると、白いはずのツインタワーのビルは、多くが黒く塗られています。たとえば、虐待を受

けた子どもたちが、家を黒く塗りつぶしたり、色とりどりのチューリップを黒く描くという事例がありますが、同様に、いくら牧歌的な風景の中であっても、ツインタワーが黒くなってしまうところに、彼らの深層にある恐怖や傷跡を垣間見る思いがします。

　この本の中で紹介されているニューヨークとアフガニスタンの子どもたちの絵を比較した場合、アフガニスタンの子どもの絵には、よりその悲惨さや恐怖がうかがえます。それは、子どもたちの年齢が、ニューヨークは6〜9歳前後ですが、アフガニスタンは、10〜14歳前後が中心で、現実を客観的に写実的に志向しているという発達過程の違いもあるかもしれません。しかしそれよりも、彼らの背景にある体験の違いも大きく影響しているように思われます。

　「紙とクレヨンを配ったとき、彼らは最初じっと見つめているだけだった」とあります。もう何年もの間、アフガニスタンの子どもたちは絵を描いたことがないというのです。人間の絵を描くことをタリバンは禁止し、美術館の絵は破壊されてしまっているというのです。それでも子どもたちは、少しずつ描いていったということです。作品の中には、爆弾、地雷、赤い血、炎、殺される人、というものが描かれています。そして、最も目に止まるのは、「黒い太陽」です。この子どもたちは、いったいどのような体験をこれまでにしてきたのか想像するに耐えません。この子たちは、生まれてからずっと、戦いだらけの日々を過ごしてきたということです。

　このような子どものリアリティーを、大人はどのように受け止めればいいのでしょうか。

　子どもが絵を描くということは、あたりまえでささやかなことであるように思えてしまいますが、子どもたちがのびのびと絵を描いてくれる社会を創っていくことが、実は、平和な社会を構築していく力になっていくというように思います。このようにアフガニスタンの状況を見聞きして、世界に平和が訪れるということは、それは、世界のすべての子どもたちが、自由にのびのびと心豊かな絵が描けるときでは

第10章　子どもの絵は大人社会へ何を語るのか　139

ないかと思うのです。

　過去の日本においても、たとえば、大正時代の自由画運動や、戦後の民主主義運動の拠り所として子どもの絵画運動が位置づけられてきたことなど、その貢献は大きいと考えます。直接的な力ではありませんが、大人たちが、子どもたちに対してそのような環境を築き上げていくことによって、社会は変わっていくはずです。

　日本国際ボランティアセンター（JVC）の『子どもたちのイラク』の中では、日本とイラクの子どもたちの絵を通した活動が紹介されています。その中に次のような事例が紹介されていました。

　JVCが支援しているイラク難民の診療所の待合室に、日本の子どもたちの自画像が飾られたとき、診療所の待合室にいたイラク人家族は、そこに飾られていた日本の子どもたちの絵を興味深げに見ていたそうです。そして、診療を受けにやってきた子どもたちも、これらの絵に勇気づけられたのか、次々と自画像を描いていったそうです。ぐったりと元気のなかった子どもたちも、「私もかく」といって描いていったというのです。そして、診療所の中に、子どもたちがお絵かきできるようにと、部屋を開放したということです。その様子を、看護師の方は次のように述べています。

　「レイラの子どもの、6歳のアハマッド君も近づいてきて、興味津々です。青いペンで、天使のような羽がついた、ニコニコした自分を描いている。どこかに自由に飛んでいってしまいそうな、くるくる大きな目をしたアハマッド君の姿です。彼の絵が、日本の子どもたちの自画像とともに、診療所に並べられた。レイラはそれを見て、さらにニコニコしている。一方で、そんなレイラのニコニコに、沈みがちなこちらの気持ちも励まされます。そして、レイラが、多くのイラクの人々が、心の底から笑える日が、一日でも一瞬でも早く来ますように、と願わずにはいられなかったのです。」

ある日、そのお絵かき部屋で、バクダットや戦火のところにいる同じイラクの子どもたちへ、「イラクの子どもたちを励ます手紙を書こう」と先生がうながすと、子どもたちは、一生懸命に絵を描いたというのです。そのほとんどの絵は明るい絵だったそうです。この事例の中の子どもの様子や絵を見ると、戦争に直面している子どもたちこそが、だれよりも平和を願っていることを痛感します。絵は、イメージを色や形にしていく営みです。イメージがなければ、願う世界は現実として生まれてはきません。イメージの豊かな子どもたちを育てていくことが、その子どもたちの将来が切り拓かれていくための大きな力となっていくのではないでしょうか。

　湾岸戦争以後、戦争の様子が、バーチャルな映像で見ることができるようになってきました。たとえば、あの映像の先にある、テレビには映らない、子どもが血を流し死んでいく悲惨な状況を、リアルにイメージできるとしたならば、また、すべての人々が、自由に、平和に、心豊かに暮らせるような世界を大人たちがイメージできるとするならば、牧歌的といわれるかもしれませんが、世界は変わっていくのではないかと考えるのです。子どもたちの絵には、世界を変えていく力があります。プリミティブで、自由で、エネルギッシュな「幼児力」「子ども力」が、これからの社会を切り拓いていく力になっていくのではないでしょうか。これまで見てきた子どもたちの絵の中にも、いろんな願いや、夢が語られています。そのような子どもの営みを、最大限に保障していくことが、私たち大人にとって必要なことではないかと強く感じるのです。

4　消された村リデェツェの子どもたち

　2005年12月、プラハ市の郊外にあるリデェツェ（Lidice）という小さな村を訪れました。その村は、戦争の最中の1942年に、ナチスによって、家も施設もすべて破壊され村ごと見せしめとして消されてしまったという小さな村です。村の男性はすべて殺され、女性と子ど

■消された村リデェツェの広野に立つ82人の子どもたち。1942年、ナチスによって村ごと家も人も消されたリデェツェという村の跡地に、時を超えて子どもたちの命が宿る。
（マリエ・ラヒティオヴ作「戦争の犠牲になった子どもたちの思い出」チェコ）

もたちは収容所へ送られ、当時82人の子どもたちがそこには住んでいましたが、生き残った子どもは5人であったということです。生き残った子どもたちというのは、収容所へ送られる段階で選別をされ、ドイツの家庭に引き取られていった子どもたちで、そのほかのほとんどの子どもたちは、収容所のガス室へと送られていったということです。

　今、その破壊された村の跡地は何もないまま意図的に保存されています。何もないからこそ、その場所に立ってみると想像できることがあります。想像することが社会を創り上げていくために重要であることをそこに立ってみてあらためて感じました。

　当時、そこに暮らしていた82人の子どもたちを再現したブロンズ像が、2000年、その広野の中にたてられました。ドイツやデンマークや日本などからの市民の募金によって実現したということです。子どもの姿が安易に理想化されたり、幻想化された作品とは異なり、この作品には、子どもの存在そのものが平和のシンボルであるということを証明しているかのように、見る側に強いリアリティーを持って訴えかけてくるものがあります。また、この村にある資料館によって、

毎年、「国際子ども美術展」（International Children's Exhibition of Fine Arts Lidice）が企画され、この土地において世界の子どもたちの展覧会が行われています。ここには、「喜び／悲しみ」「生／死」「平和／戦争」「未来／過去」「在る／無い」……が、背中合わせとなって混在しています。
　たしかに、この土地には歴史的な背景があるがゆえに、平和のシンボルとして子どもの存在や作品は切実感の強いものとなって伝わってきます。しかし、私たちのまわりにいる子どもたちの存在やその作品に目を向けたとしても、実はそれは同じではないかというように思うのです。一人一人の存在の中に、その子のかけがえのなさやその子の未来を見ようとしたとき、社会が大切にしようとする視点は変わっていくのではないでしょうか。さらにそれは、子どもという枠の中だけでなく、子どもと大人、障害者と健常者、弱者と強者といった枠にはめられることなく、すべての人間一人一人の存在のかけがえのなさへとつながるものではないかと思うのです。

5　ナチスの収容所に入れられた子どもたちの絵

　チェコの東北部に、テリジン（Terezin）とう第二次世界大戦中にユダヤ人が収容されていた跡地があります。現在は資料館として保存され、当時そこに収容されていた子どもたちの絵が、いくつか展示されています。そこには、のどかな春の草花にちょうちょが舞う絵もあれば、閉ざされた部屋の絵や、大きな太陽の描かれている絵や、生活の様子が描かれている絵など、さまざまな内容の絵を見ることができます。作品の下には、名前と、その子が生まれたときと亡くなったときの日付が書かれていました。生れた年はさまざまですが、亡くなった年は1943年から1944年と同じで、そこから亡くなったときの年齢を知ることができました。その子どもたちは、自分たちがガス室へ送られることなど知らずにそこに暮らしていたことが絵の内容からうかがえます。ガス室のある別の場所へ送られていくそれまでの収容所の生

活の中でこれらの作品は描かれたということです。収容所では子どもたちの精神衛生と子どもへの虐待がないことを、赤十字の視察から装うために絵を描かせたということです。このような状況の中においても、子どもたちの絵は子どもらしく、どの作品からも「生」を感じます。

　これらの作品からは、その子たち一人一人の存在を強く知らしめるものが時代を越えて伝わってきます。その時代のその瞬間の「生」を主張するように、これらの作品はそこに飾られていました。絵を描くという営みが、今を生きていることを確かめるその行為であるという

■テリジンの収容所で子どもたちが描いた絵
"color composition of circles and lines"(Ruth Gutmannová, 1930-1944, inv.no. 131.315, The Jewish Museum in Prague)

"Butterfly"(Dorit Weiserová, 1932-1944, inv.no. 129.374, The Jewish Museum in Prague)

ことを、これらの作品は教えてくれているように思えます。

6　環境が子どもを変える

　もう少し、今を生きているまわりの子どもたちに目を向けてみたいと思います。次の絵は、ある児童福祉施設にさりげなく飾られていた、そこに暮らすある小学生の絵です。この施設には、さまざまな事情で家庭で暮らせない子どもたちが一緒に生活しています。それぞれに、まわりの者が安易に語ることのできない影がありますが、彼らは、本当に明るく素直で、素敵な顔をしています。

　Ｊさんも、幼いころ家庭を離れこの施設にやってきました。そのころのＪさんの絵は、その子の状況が映し出されるように、見ていて悲しい絵であったと聞きました。しかし、それから数年がたち、そこに飾られている絵は色数も増え、内容も大きく変化し、いきいきとした色づかいで描かれています。

　何らかの事情で親元を離れることを余儀なくされた子が、人を信じ、安心して暮らせる居場所を得て、自分らしさを表しながら、いきいきと生活できる環境に支えられることによって、その子が変わり、その子の絵が変わってきたのです。いうまでもなく、子どもには何の罪もないわけで、環境が子どもを変えるということです。

　施設で変わっていくのは子どもたちばかりではありません。たとえば、学生たちが、このような施設で泊まり込みで実習を終えてくると、子どもに対する見方や感じ方、接し方が驚くほど大きく変化しています。それは一人一人の明るく素直な子どもたちの背景にも、一人の個人ではどうしようもできないような現実があって、そのような現実を背負って暮らしている子どもたちがいるということに身をもって気づいたことが大きいように思われます。

　つまり、一人一人の子どもには、その子なりの背景があるということに気づくことによって、普段の身近な子どもたちに目を向けたとしても、そのかけがえのなさをどの子にも見ようとする、また感じようとす

ることの大切さに気づけたからではないかと思うのです。

　これまでの章でも、さまざまな子どもの絵を見てきましたが、豊かな生活と、自分らしさを発揮できる安心した環境があれば、子どもたちは心豊かな絵を描きます。その環境を作ることが、子どもたちのために、そして、一人一人が大切にされる社会を創るために、とても重要であるのです。

「花」（8歳　女子）
■親元を離れることを余儀なくされたJさんの絵は、児童福祉施設へ来てから変化していった。

7　「子ども」から「すべての人間」へ

　短い期間でしたが、ある老人養護施設に、週一度、そこでリハビリのために絵を描いている方々と一緒に絵を描かせていただこうと通ったことがありました。それは何かお役に立ちたいという思いからではなく、ただその空間を共有させていただきたい、一緒にそこで描かせていただくことによって何か気づけるものがあるのではないかという、誠に身勝手で失礼な思いからでした。

　その時間になるとそれぞれの部屋から、車椅子で絵を描く部屋に徐々に集まってこられ、テーブルの上に置かれた花を囲み、それぞれが思い思いに描きながら時間が過ぎていくというものでした。いろんな話をしながら描かれる方もいらっしゃれば、じっと花やほかの人が描く様子を見て終わる方もいらっしゃいました。もちろん、その空間に

は、絵が上手とか下手であるという価値観もなく、描かなければならないという強要もなく、ただ描きたいからその場所に集まってこられるというものでした。

皆さん花の色彩や微妙な色の変化に興味をもたれ、週をおうごとにスケッチブックには描かれた作品が重ねられていきました。スケッチブックに刻まれていく色と形は、まさに今を生きている証しであるように見えました。たとえささやかであっても、その営みはその方々にとって生きる喜びとなっていることを確信しました。

「春よこい」
■桜の咲くころ、老人養護施設に集まった子どもたちとお年寄りの方々が描くことで時を共有していった。温かく優しい時間が流れていった。

その施設を拠点にして親同士が自主的に集まり保育を行っている子育てサークルがあり、その子どもたちと一緒に絵を描かせていただけないか提案してみました。ちょうど桜の花が咲くころ、施設の窓から見える桜の樹を、子どもたちと一緒に同じ紙の上に描いていくことになりました。子どもたちがその場所にいるだけで雰囲気は明るくなり、描くことを通して温かく優しい時間が流れていきました。「今を生きている」ことの喜びを共有している時間であると感じました。5、6歳の人間と80歳以上の人間が、たとえ生きてきた人生の厚みは違っても、描くことによって生まれるその人その人の存在感はかけがえのないものであるということをその営みから見る思いがしました。

これまで本書では、「子どもはなぜ絵を描くのか」ということについて述べてきましたが、実は、子どもであろうが、大人であろうが、芸術家であろうが、同じ一人の人間の営みとして「描くこと」を見ようとしたとき、その本質は同じではないかと思うのです。もちろん、

「桜がいっぱい咲いたよ」（5歳児　男児）

子どもの育ちということにとってその役割は多大であるということはこれまでにも述べてきましたが、すべての人間にとって、それは「今を生きる」という人間の存在のかけがえのなさを見出そうとする意味で、貴重な意味を持つと強く感じるのです。

　絵を描くということは、人が生きていく上で必要な生命の営みから考えれば、ほんのささやかな営みであるかもしれませんが、その色や形や行為の中に人間の存在を見ようとする見方は、人間の尊厳を感じ見ようとするところに共通するのではないかと思うのです。

8　バタフライは永遠に飛び続ける

　保育所や幼稚園や小学校では、年度も後半になると子どもの作品展が開かれたりしますが、それらの作品を見るとき、そこに描かれているものから、私たちはその子の背景にある生活の様子やその子の心の有り様を想像してしまいます。そして、いきいきと描かれている絵を前にすると、見る側も知らずと幸せな気持ちにさせられます。「豊かさ」

の意味が問われている今日、子どもたちが、のびやかに、そして心豊かに表現してくれる環境を私たち大人が作り続けていくことが、明日の「豊かさ」を育むことへとつながるのではないかと感じます。

　さきほどのナチスの収容所で描かれた子どもたちの絵が掲載されている画集には、"I have not seen a butterfly around here" というタイトルがつけられています。子どもの存在を「ちょうちょ」にたとえてつけられたのだと考えられます。その資料館には子どもたちが描いた絵が2000枚ほど所蔵されています。資料館を訪れた人たちは、それらの絵の前へ来るとおのずと足が止まり、ほかのどの展示物よりも目を凝らして見ようとする姿があります。それらの絵を前にしたとき、私たちは何を大切にして、どのような社会を創っていけばいいのかを考えさせられる思いがします。それは、テリジンの特別な子どもたちの絵でなくとも、身のまわりの子どもたちの絵との会話に生まれる感じ方の中にも、同様のものがあるように思えます。子どもは絵によって育ち、子どもの絵によって私たち大人も感性を育んでいるのです。

　たとえば、テリジンの多くの子どもたちが「ちょうちょ」を描いたように、身近な子どもたちの作品の中にもよく「ちょうちょ」が描かれています。最後の作品は、横浜市のある幼稚園の表現展の中で飾られていた3歳児のものです。

　ある子が一匹の青虫を見つけ保育室に持ってくると、みんなで餌をあげ育てることになりました。餌に葉っぱを採ってきて育てていたところ、子どもたちは葉っぱの中からまた別の青虫を見つけました。その2匹の青虫は数日でサナギへと姿を変え、やがて最初の青虫はクロアゲハに、次の青虫は、今度は白いアゲハチョウとなって飛んでいきました。子どもたちはその体験を感動的に捉え、「まいごになった青虫が保育室にやってきたこと」「葉っぱをあげたらいっぱい食べたこと」「大きくなってサナギになったこと」そして「ちょうちょになって空へ飛んでいったこと」をそれぞれの場面で絵に表していきました。

　たった10日たらずのことですが、青虫と共に生きたその豊かな生

「まいごのあおむし」（3歳児　女児）

■まいごのあおむしがやってきました。 　　■はっぱをいっぱいたべました。

■いっぱいたべておおきくなりました。 　　■ちょうちょになってとんでいきました。

活経験が子どもの表現と結びついていったことがうかがえます。これらの絵から、子どもたちが一瞬一瞬の中に喜びを持って生きているということを、見る側は想像することができます。この子どもたちの生活を直接に見たわけではないのに、私たちはこのような絵から、子どもたちの背景にある幸せで豊かな「感じ方」のある生活を心の中に想い描くことができるのです。それは、もちろん、子どもが関わりたくなるような環境と、のびのびと表現できる環境を生活の中に築くことのできる大人の感性があってこそだということがいえます。そのような大人の感性によって豊かな生活が生み出され、それが表現と結びつき、子どもは育っていくのです。

　いつの時代においても、絵の中の「ちょうちょ」は、永遠に希望と喜びを持って子どもたちの心の中で飛び続け、生き続けています。子どもたちは、絵を描くことを通してより人間らしく生きようとすることを見つけようとしています。そして、私たち大人は、子どもの絵から、逆に豊かな人間としての生き方とは何であるのか、「豊かさ」の本来の意味や、生きることの本質を学んでいるのかもしれません。

＜参考文献＞

1 デズモンド・モリス／日高敏隆訳『裸のサル』(ヴィジュアル版) 河出書房新社　1983 年
2 中原佑介『ヒトはなぜ絵を描くのか』フィルムアート社　2001 年
3 市川浩『精神としての身体』勁草書房　1976 年
4 村瀬学『「いのち論」のはじまり』JICC 出版局　1991 年
5 拙稿「外界と融合する行為としての絵画表現——幼児における共通感覚と表現媒体の関係から」『宝仙学園短期大学紀要』(第 26 号) 2001 年
6 宮武辰夫『幼児の絵は生活している (改訂新版)』文化書房博文社　2000 年
7 ルース・フェゾン・ショウ／深田尚彦訳『フィンガーペインティング』黎明書房　1982 年
8 大山正・中島義明編『実験心理学への招待』サイエンス社　1993 年
9 鳥居修晃・望月登志子『先天盲開眼者の視覚世界』東京大学出版会　2000 年
10 中村雄二郎『共通感覚論』(岩波現代文庫) 岩波書店　1979 年
11 拙稿「幼児の絵画表現と共通感覚の有機的な結合について」『宝仙学園短期大学研究紀要』(第 25 号) 2000 年
12 岩田誠『見る脳・描く脳』東京大学出版会　1997 年
13 李禹煥『新版・出会いを求めて』美術出版社　2000 年
14 V・ローウェンフェルド／竹内清・堀ノ内敏・武井勝雄訳『美術による人間形成』黎明書房　1963 年
15 平田智久「現代乳幼児の描画表現の探求」『教育美術』(第 66 巻第 1 号 (第 751 号)) 財団法人教育美術振興会　2005 年
16 平田智久「乳幼児の描画表現再検証 Scribble に関わる一考察」『十文字学園女子短期大学研究紀要』(第 30 集) 1999 年
17 ハーバード・リード／植村鷹千代・水沢孝策訳『芸術による教育』美術出版社　1953 年
18 拙稿「墨象による＜生命＞の表現について」『美術教育学』(第 21 号) 美術科教育学会　2000 年

19　横内克之「子どもたちは何を表現するのか」『教育美術』財団法人教育美術振興会（第66巻第6号（第756号））2005年

20　辻泰秀・磯部錦司「子ども・作家・教師・学生たちのコラボレーション──『できごと』としての造形活動」『美育文化』（第51巻第7号）美育文化協会　2001年

21　谷上美登「絵を描くことが嫌いになるとき」（宝仙学園短期大学保育学科保育専攻科修了論文）2004年

22　拙稿「子どもの＜描く行為＞が起こす＜生＞の共有」『宝仙学園短期大学研究紀要』（第29号）2004年

23　拙稿「平面造形において生起するコラボレーションについての一考察」『美術教育学』（第24号）美術科教育学会　2003年

24　拙稿「発生的コラボレーションの実践」『宝仙学園短期大学研究紀要』（第28号）2003年

25　斎藤稔編『芸術文化のエコロジー』勁草書房　1995年

26　丸山圭三郎『生の円環運動』紀伊國屋書店　1992年

27　森岡正博『生命観を問いなおす』（ちくま新書）筑摩書房　1994年

28　拙稿「自然観と＜生命＞表現の変容──外界との関係を問う絵画表現の実践から」『大学美術教育学会誌』（第33号）大学美術教育学会　2001年

29　森谷寛之・杉浦京子編『コラージュ療法』（現代のエスプリ）至文堂　1999年

30　笠間浩幸『「砂場」と子ども』東洋館出版社　2001年

31　井口佳子『幼児期を考える』相川書房　2004年

32　ロズリーヌ・ダヴィト／若森栄樹・萩本芳信訳『子どもは絵で語る』紀伊國屋書店　1984年

33　エクトル・シエラ『あの日のことを　かきました』講談社　2002年

34　日本国際ボランティアセンター編『子どもたちのイラク』（岩波ブックレット）岩波書店　2003年

35　*I have not seen a butterfly around here*, The Jewish Museum Prague, 1993

あとがき

　この本を執筆するにあたり、造形教育に携わってきた者としての立場から、また絵を描く制作者としての立場から、長年考えてきたテーマがありました。それは、「なぜ人は絵を描くのだろうか」ということです。それはとても私の携わる領域の中だけで考えられるようなものではないのですが、造形教育の研究者というスタンスの中で「子どもについて考える」ということと、作家というスタンスの中で「人間について考える」ということにおいて、そのテーマが収束し整合されてきたように思えます。それがこの本を書く動機となっていました。

　これまでに出会った多くの子どもたちとその作品、そして子どもと関わる多くの実践者の方々との出会いが、今の研究の源となってきました。そのような実践者との出会いの中で思ったことは、子どもや子どもの作品をどのように捉えるかという問題は、実はまわりの人や自然や社会をどのように感じ、どのように捉えるかということと共通した感じ方や見方があるのではないかということでした。一つの作品を通した営みの中に、人間の存在としてのかけがえのなさを見出そうとするところに、その本質があるように思えるのです。絵を通してその子の本質を見ようとする見方は、人間や自然の尊厳を感じ見ようとするところに共通するのではないかというように思います。また、大人の感じ方や見方によって子どもの世界が変わり、社会も変わっていくのではないかというようにも思えてきます。本書は、絵という一つの窓口を通して子どもについて見ようとしてきました。その窓から見えるものは、子どもの育ちはもちろんですが、その問題だけでなく、大人社会の中にある価値観や社会風土ともつながっているというように思うのです。

　私が初めて絵を通して子どもたちと出会ったのは24年前でした。絵を描く子どもたちの中に自分の身を置くことそれ自体が幸せなこと

であったように思い出されてきます。それ以後も、子どもと描くことを通して関わる中で、子どもから気づかされるものや学ぶものが多々ありました。まずもって、今までに出会ったすべての子どもたちに心より感謝します。

　また、本書を執筆するにあたりご助言くださった幼児造形教育の平田智久先生、発達臨床心理学の林牧子先生、新宿区立花園小学校の横内克之先生、こころよく取材や作品、資料を提供してくださった「金井幼稚園」故・木都老誠一園長先生と諸先生方、「あゆみ幼稚園」松村容子園長先生と諸先生方、「中瀬幼稚園」井口佳子園長先生と諸先生方、「かぐのみ幼稚園」石井稔江園長先生と廣田優先生、「宝仙学園幼稚園」古川伸子園長先生と諸先生方、東京都認証保育所「空飛ぶ三輪車」土屋敬一園長先生と諸先生方、社会福祉法人ユーカリ会の倉田新先生、「東村山市立第八保育園」野村明洋園長先生と諸先生方、「自主保育どろんこ」田中和紀氏、「渋谷区立広尾小学校」永井和貴先生、「新宿区立四谷第六小学校」麻佐知子先生、「新宿区立東戸山小学校」加藤幸子先生、「神津島村立神津小学校」滝澤由紀子先生、元・「瑞浪市立瑞浪小学校」水野和美先生、児童福祉養護施設「双葉園」相澤靖園長先生と職員の皆様、特別養護老人ホーム「白十字ホーム」施設長西岡修氏と職員の皆様、「岐阜大学」辻泰秀先生と「美濃市教育委員会・文化会館」の皆様、ブランデ市立キンダーガーデン"Aheven"（デンマーク）の諸先生方、ブランデ市立"Remisen"（デンマーク）Brigit Ving 氏、Jytte Gottlieb 氏、作家の Steen Rasmussen 氏、「チェコ日友好協会」山田晴美氏、プラハ市立小学校"Zakladni umelecka skola Stodulky"（チェコ）の諸先生方、Eva Sakuma 氏に心より厚く御礼申し上げます。

　最後になりましたが、出版の機会をあたえてくださった一藝社の菊池公男社長ならびにご面倒な編集を引き受けてくださった椎原清美氏に深く感謝申し上げます。

2006 年 2 月 27 日　　　　　　　　　　　　　　　　　　磯部錦司

磯部錦司（いそべ・きんじ）

1959年岐阜県中津川市生まれ
岐阜県公立学校教諭、宝仙学園短期大学助教授を経て、現在、椙山女学園大学教授
美術教育研究者、作家、実践者の三者の立場から絵画をとおして生命観・自然観について独自の視点から追求している。

主な活動：デンマーク、チェコ、オーストラリアなど諸外国と日本の子どもたちとのコラボレーション「いのちとの会話プロジェクト」、造形活動をとおしたさまざまなワークショップ。

主な作品収蔵：富山県立近代美術館、ブランデ市（デンマーク）他

主な著書：『造形表現・図画工作』建帛社、2014年
『子どもとアート〜生活から生まれる新しい造形活動』新幼児と保育編集部編著、小学館、2013年
『保育のなかのアート〜プロジェクト・アプローチの実践から〜』小学館、2015年

主な論文：「自然観と＜生命＞表現の変容」「外界と融合する行為としての絵画表現」「幼児の絵画表現と共通感覚の有機的な結合について」他

磯部錦司　website：http://homepage2.nifty.com/isobe-kinji

子どもが絵を描くとき

写真（＊印）／宇井眞紀子
カバーデザイン／内海　亨
カバー絵画／あゆみ幼稚園（3歳児）

2006年4月10日　初版発行
2020年9月18日　7刷発行

著　者　磯部錦司
発行者　菊池公男

株式会社　一藝社
〒160-0014 東京都新宿区内藤町1-6
TEL：03-5312-8890　FAX：03-5312-8895
振替　東京　00180-5-350802
website:http://www.ichigeisha.co.jp
落丁・乱丁本はお取り替えいたします。
印刷・製本／亜細亜印刷（株）

© Kinji Isobe 2006 Printed in Japan ISBN978-4-901253-69-7 C3037

一藝社の本

コンパクト版 保育者養成シリーズ
谷田貝公昭・石橋哲成◆監修

《"幼児の心のわかる保育者を養成する"この課題に応えるシリーズ》

新版 児童家庭福祉論　　髙玉和子・千葉弘明◆編著
A5判　並製　148頁　定価（本体2,000円＋税）　ISBN 978-4-86359-139-4

新版 保育者論　　谷田貝公昭◆編著
A5判　並製　160頁　定価（本体2,000円＋税）　ISBN 978-4-86359-145-5

新版 教育原理　　石橋哲成◆編著
A5判　並製　160頁　定価（本体2,000円＋税）　ISBN 978-4-86359-146-2

新版 保育内容総論　　大沢 裕・髙橋弥生◆編著
A5判　並製　148頁　定価（本体2,000円＋税）　ISBN 978-4-86359-148-6

新版 保育の心理学Ⅰ　　西方 毅・福田真奈◆編著
A5判　並製　148頁　定価（本体2,000円＋税）　ISBN 978-4-86359-140-0

新版 保育の心理学Ⅱ　　福田真奈・西方 毅◆編著
A5判　並製　148頁　定価（本体2,000円＋税）　ISBN 978-4-86359-141-7

新版 相談援助　　髙玉和子・大野地平◆編著
A5判　並製　148頁　定価（本体2,000円＋税）　ISBN 978-4-86359-143-1

新版 子どもの食と栄養　　水上由紀・細川裕子◆編著
A5判　並製　148頁　定価（本体2,000円＋税）　ISBN 978-4-86359-135-6

新版 教育・保育課程論　　髙橋弥生・大沢 裕◆編著
A5判　並製　148頁　定価（本体2,000円＋税）　ISBN 978-4-86359-147-9

新版 障害児保育　　青木 豊・藤田久美◆編著
A5判　並製　148頁　定価（本体2,000円＋税）　ISBN 978-4-86359-136-3

新版 保育実習　　谷田貝公昭・大沢 裕◆編著
A5判　並製　148頁　定価（本体2,000円＋税）　ISBN 978-4-86359-142-4

新版 幼稚園教育実習　　谷田貝公昭・髙橋弥生◆編著
A5判　並製　160頁　定価（本体2,000円＋税）　ISBN 978-4-86359-149-3

ご注文は最寄りの書店または小社営業部まで。小社ホームページからもご注文いただけます。

一藝社の本

コンパクト版　保育内容シリーズ［全6巻］
谷田貝公昭◆監修

《新しい「幼稚園教育要領」「保育所保育指針」に対応したシリーズ》

1 健康
谷田貝公昭・髙橋弥生◆編著

A5判　並製　148頁　定価（本体2,000円＋税）　ISBN 978-4-86359-150-9

2 人間関係
髙橋弥生・福田真奈◆編著

A5判　並製　148頁　定価（本体2,000円＋税）　ISBN 978-4-86359-151-6

3 環境
大沢裕・野末晃秀◆編著

A5判　並製　148頁　定価（本体2,000円＋税）　ISBN 978-4-86359-152-3

4 言葉
大沢裕◆編著

A5判　並製　148頁　定価（本体2,000円＋税）　ISBN 978-4-86359-153-0

5 音楽表現
渡辺厚美・岡崎裕美◆編著

A5判　並製　148頁　定価（本体2,000円＋税）　ISBN 978-4-86359-154-7

6 造形表現
竹井史◆編著

A5判　並製　148頁　定価（本体2,000円＋税）　ISBN 978-4-86359-155-4

一藝社の本

子ども学講座 [全5巻]
林 邦雄・谷田貝公昭◆監修

《今日最大のテーマの一つ「子育て」——
子どもを取り巻く現状や、あるべき姿についてやさしく論述》

---

1 子どもと生活
西方 毅・本間玖美子◆編著

A5判　並製　224頁　定価（本体1,800円＋税）　ISBN 978-4-86359-007-6

---

2 子どもと文化
村越 晃・今井田道子・小菅知三◆編著

A5判　並製　224頁　定価（本体1,800円＋税）　ISBN 978-4-86359-008-3

---

3 子どもと環境
前林清和・嶋﨑博嗣◆編著

A5判　並製　216頁　定価（本体1,800円＋税）　ISBN 978-4-86359-009-0

---

4 子どもと福祉
髙玉和子・高橋弥生◆編著

A5判　並製　224頁　定価（本体1,800円＋税）　ISBN 978-4-86359-010-6

---

5 子どもと教育
中野由美子・大沢 裕◆編著

A5判　並製　224頁　定価（本体1,800円＋税）　ISBN 978-4-86359-011-3

ご注文は最寄りの書店または小社営業部まで。小社ホームページからもご注文いただけます。